［増補・改訂］

発達に心配りを必要とする子の育て方

松田ちから

黎明書房

序

一九九七年から十三年間、発達に遅れのある子どもたちの個別療育塾を開設していました。塾の名称は「なのはな子ども塾」です。名称は、「快活な愛」という花言葉を持つなのはなに由来し、「暖かい愛を持って、皆を優しく包み込み見守る」というとても素敵な意味を込めています。

塾における子どもとの関わりは、子ども自身ができるだけ主体的に活動できるように配慮しています。それは自由に好きな教材を選べるように環境設定をしているのです。自分でやりたい物を選ぶことで安心して学習に取り組め、少しずつバリエーションアプローチにも応じてくれます。

自分で教材を選べない子どもでも、次第に塾の環境に慣れてくると、今までに行った課題の教材を求め始め、学習の第一歩を踏み出すことになります。学習を始める前に必ず、今日やりたいことの教材を示し歌で紹介します。話を聞く姿勢ができず自分の好きな事をしている場合でも、無理に着席させて、こちらに注目させることはあえてしません。並行状態であり、とても忍耐のいることですが、諦めずに視覚的及び聴覚的アプローチを進めます。毎回、学習の前に繰り返すことによって、見ていないようで自分の好きなことをしながら、ちらちらと見て聞いていることが次第にこちらにも伝わってきます。自分で選んだ課題の方が瞳も輝いています。充分に子どものペースに合わせてあげると情緒も安定し、本当に不思議なことですが、時間のかかる子どももいますが、必ず、指導者のやりたい課題にもすんなりと応じてくれるのです。

「子どもの発達は情緒が安定すれば、模倣と学ぶ意欲が発揮される」という基本理念に基づいて子どもと関わっています。つまり、子どもの情緒を安定させるとは、子どもの発達に合わせて心配りをすることではないでしょうか。

心配りとは子どもの気持ちに寄り添って、子どものありのままを認めて関わることから始まります。そのことによって、子どもの心の内面の姿がよく見え、余裕を持って子どもを受容し共感する気持ちが持てるようになります。親子で明るい展望を持って前に向かって歩むことができます。

ここ数年で発達に心配りを必要とする子どもが増えていることから、増補・再改訂をすることになりました。

今の時代に即した表現に修正し、「神経発達症」（発達障がい）と言われる子どもたちの支援を中心に述べます。

この本の増補・改訂にあたり、ご助言を戴いた児童発達支援センター「天使園」施設長の重見幸二先生、療育外来担当で協力して戴いた田下弥加子先生に心から感謝申し上げます。

二〇二三年三月吉日

松田ちから

もくじ

6 食事

7 着脱

9 清　潔

＊イラスト・中村美保、さややん

はじめに

「発達に心配りを必要とする子の育て方」の本を読んでいただく前に、どのような内容で構成されているのかを簡単に述べてみたいと思います。

発達とは

人にとって発達とは、どういうことを言うのでしょうか。辞書には「進歩して、ある程度まで達すること」とあります。

子どもの発達には、大きく二つの要素があります。一つは、身辺自立のためには欠かせない体の運動機能である身体的な発達で、物質環境へ適応してゆくための体勢づくりです。もう一つは、知能・人格形成には欠かせない情緒を育てる精神的な発達で、人と人のコミュニケーション機能の確立です。この二つが組み合って、人間社会の一員となり生活を営むことができるようになるのです。

人の発達は誕生から始まり、乳児期、幼児期、児童期、思春期という具合に、おおまかな節目がありまます。それぞれの節目ごとに、どのようなことができるかという標準化された発達検査等があり、子どもたちの心身の成長に照らし合わせてゆくシステムが公的機関として保健所・児童相談所に設けられています。

これらの発達がより円滑になされるように、子どもに最もよく関わるお母さんが、お父さんの真の愛という協力に支えられた子育て環境を提供し、子どもが豊富な学習体験を得ることで、伸びる可能性の道を開き、良い影響を与えなければなりません。

人の発達は加齢に伴い、成年期に向けて心身共に成長発達してゆくわけですが、身体的な発達は成年期を境に、今度は否応なしに、じわじわと発達が退行し衰退してゆくことは否めません。

人の発達は、それぞれの国の文化において人間として一人一人がお互いの生命を尊重し、支えあって生きるための過程と言っていいのではないかと思うのです。

私たちの一生涯における心身の発達は、スムーズな発展の過程としては保障されていません。

発達とは、人の行動が脳の神経細胞の絡みあいによって、記憶し思考し、人として生きる姿で表現していることを示しているのではないでしょうか。

私たちの社会は、残念ながら他者を意識して比較することがとても多いものです。子育てにおいても大好きなお母さんに、よその子と比較されて育てられることに、きっと子どもはいい思いをすることはないでしょう。子どもにとっては、自分をお母さんのかわいい子どもとして認めてほしいのです。

子育ての目安としての乳幼児期の発達段階を参考にすることはいいでしょう。しかし、子どもの発達は個々によって目標が違っていいと思います。子どもによっては、とても早いペースで、身のまわりのことが自分でできるようになる子どももいます。

登山電車に乗られたことがありますか。子どもの発達の目標がお山の頂上の子もいれば、中腹の子どももいていいと思うのです。高い山に登る電車は、少し登っては下り、そして、再び登るというスイッチ・バック式で目的地に向かって進んで行くのです。子どもによっては、一気に目標に向かって登り、達成できる子どももいれば、ゆっくり地道に進む子どももいます。

登山電車のように後退しながらも、ご両親の愛情に支えられながら一歩一歩、進んでいってほしいと思います。

心身の発達には般化へのアプローチが大切

子どもが自立に向けての目標達成を目指し、子どもにとってより良い生活を送れるように般化の課題を設定します。般化とは様々な環境においても同一課題に適応できることを言います。具体的には、場所・物・人・時間・天候などが変更されても対応できる力を養うことです。たとえば、排せつにおいてトイレは家庭でも園でも、履物の種類が違っても、誘う相手が母親でも先生でも大丈夫であり、時間帯がいつもと違っていてもトイレでの排せつが可能であるということです。このように療育においては般化への取り組みの支援を進めています。

般化の取り組みに対する子どもの意識を高めるには、子どもの情緒の安定が維持されていることが重要です。また、子ども自身が実際に行っている内容を理解できる力が必要です。

① 見通しが立つこと。
② 今の活動を自分がなぜ、やっているのか目的がつかめること。（理解をし、考えて応用できる。）
③ 誰のために、やっているのかを可視化し把握できること。（社会的な役割を担うことで意欲が育つ。）

子どもと親や先生との信頼関係が築かれていると、子どもの学ぶ意欲が育まれ般化につながります。般化の達成には三つの学習の前提条件が整うことが必要です。

① 注目する：視線が合う・相手と物と自分（三項関係）
② 模倣する：目と手の協応（情緒の安定が不可欠）
③ 指示に従う：内容を理解（自分でやってみようという意欲）

発達に心配りを必要とする子ども

神様は、お父さんとお母さんに愛を結び、素晴らしい命をこの世に、かわいい愛する子どもとして与えてくださいました。誰もが、子どもが健康で元気に育ってゆくことを願っています。しかし、発達に遅れのある子どもは、遺伝や染色体の異常、妊娠中や誕生時、あるいは、誕生してからの高熱や外傷等、様々な原因で脳になんらかの支障を起こし（原因のわからないものもある）、本来の子どもの成長がごく自然に育つことを阻んでいるのです。

教育や心理学に携わる先駆者が子どもたちの発達をデータで客観的にとらえ、一歳児には「～ができます」という標準化した検査方法を作ってきました。

市町村では、より良い子どもたちの成長を願うために適切な子育て環境を提供する目的で、一歳半健診をはじめとする乳幼児期の節目ごとに、医師の診察や発達検査を実施しています。そして、

「あなたのお子さんは、今、こんなことをしてあげたら、いいですよ」とアドバイスをして、子育ての参考にしてもらっています。

しかし、これらの健診では残念ながら、発達に遅れのある子どもをチェックすることにもなり、ともすると、「障がい」児と言われる子どもであるというレッテル貼りにもなりかねません。

発達に遅れのある子どもには、医学的に障がい名を診断できるものから、医学的にはわからず、子どもの症状を診断名にしているものもあります。

この本で紹介する「発達に心配りを必要とする子の育て方」では、あえて、診断名や症状名にはこだわっていませんが、知的な遅れのある子どもと神経発達症と言われる子どもで学習や行動において困難を示し、人とのコミュニケーションがうまく成り立ちにくい子どもたちについて述べます。著者としては、あらゆる子どもたちの子育てに一つの方法として、参考にしていただければと思っています。

神経発達症（発達障がい）とは

発達検査では、発達指数（DQ）という結果が出ます。その数値に基づいて、「重度・中度・軽度」といった表現がされます。

神経発達症*は全般的な知的発達の遅れはありません。神経発達症の子どもには、ADHD（Attention Deficit Hyperactivity Disorder）（注意欠如多動症）：物をよく忘れる不注意、落ち着きがなく集中して物事に取り組みにくい多動性、衝動性があり、これらの症状が混合型となる子どももいます。

ＬＤ（Learning Disability）（学習症）：健康な聴力や視力を維持しているが、聴覚・視覚等に問題を抱え学習に困難を示す子どもを言います。学習症の子どもには限局性学習症として、①読字障がい：読む、②書字表出障がい：書く、③算数障がい：計算する、④コミュニケーション症：推論する、⑤受容―表出混合性言語障がい：受容理解＝聞く・意思表出＝話す、そして、⑥表出性言語障がい：理解力はあるが話すこと等に難しさがあります。限局性学習症ですから、必ずしも、この六項目すべてに支障があるわけではありません。ＬＤには定型発達の中間的な状況の子どももいます。

そして、ＡＳＤ（Autism Spectrum Disorder）（自閉症スペクトラム＝高機能自閉症・広汎性発達障がい・アスペルガー症候群も含む）など、相手の意図を読み取る力が弱くコミュニケーションがうまく成り立ちにくい子どもたちがいます。

これらの子どもたちは、発達指数で言えばＤＱ75の境界線以上で、知的な遅れはありません。これらの症状は脳の機能不全から生じているとも言われています。詳しくは脳の働きのところで述べます。

発達に心配りを必要とする子どもたちは療育機関の連携のもと、家族の協力があってこそ、まだまだ、伸びる可能性をいっぱい秘めていますから、諦めることなく、明るい展望を持って、日々の生活を子どもと共に励んでほしいと思います。

＊神経発達症

ＤＳＭ-５（米国精神医学会編『精神疾患の診断・統計マニュアル』医学書院、二〇一五年）の改訂により翻訳用語が発達障がいは神経発達症となりましたが、文科省や厚労省等の行政から用語表現に関する正式な通達は現時点ではありません。本著ではＤＳＭ-５の翻訳に基づいて掲載します。

身のまわりのこと（身辺自立）

身のまわりのこととは、身辺自立のことを言います。身辺自立は、人が生きてゆくための基盤となるもので、食事・着脱・排せつ・清潔・睡眠があります。そして、さらに、人がコミュニケーションとして用いる言語の発達により、身辺自立が円滑になります。

これらのことが自分でできるようになるには、脳の働きを知ることが大切です。それぞれの感覚機能がどのように活動しており、発達を促しているのでしょう。それらを具体的に例をあげて述べています。

発達に遅れのある子どもに、できないからと言って、ついつい手をかけてしまい、自分でやろう

という意欲の芽を摘んでしまうことのないようにしましょう。たとえ、発達が遅れていても、素晴らしい感受性を持っています。
身のまわりのことを、すべて、親が介助してゆきますと、極端な例ですが、食事の場合は食べられる物が目の前に置いてあっても、子ども自身、空腹であるのに手を伸ばして口に入れて食べようという学習をしておらず、生存本能までそいでしまうという危険もはらんでいます。
排せつにおいては、おしっこやうんこで気持ち悪いという不快感があって泣いているのに、その訴えを聞き入れられないまま、おむつをずっとされて育てられたとしたら、おむつの中に排尿便をしても平気になってしまいます。ある程度我慢しよう、というコントロール機能も育ちません。
着脱においては、たとえば、親がいつまでもパンツをはくのを全部してあげていたら、両手を床につけたままで、まったく手を使わず、足を投げ出すポーズを覚えてしまいます。

このように、子どもは楽な形態を身につけて学習してしまうのです。ですから、逆に言えば、子どもには学習する力があるのです。少し補助すれば、必ずできるようになると、子どもの力を信じましょう。そして、子どもと一緒に、まずは意欲づくりに励みましょう。

親として子どもがかわいそう（何もできないことが）だからと思ってしていることが、子どもにしてみれば迷惑であることだってあるのです。いつも、お母さんが子どもの立場になってみるといいでしょう。結局、子どもにしんどい思いをさせまいとすることが、子どもの自立を妨げ、人として生きようとする人権まで尊重しないことにつながるのです。子どもを楽にしてあげようということが、かえって、子どもに心理的な苦痛を与えていることにもなります。また、親にとっても、子どもの身体が大きくなりますと、心理的にも身体的にも苦労が増えてくることにもなるのです。

知的発達症の子どもには、自分自身で活用しようとしない運動機能（手足の動き）を介助する人が援助することで、やればできるんだという意欲を育ててゆくことが大切です。

運動機能障がいで手足にマヒのある子どもには、子どもに合わせたいろいろな補助具を用いて、できるだけ自分でできる環境を整えてあげ、社会的な不利を取り除いてあげることが必要です。

(1)　自立について

ここで、発達に遅れのある子どもの人権を考えながら、自立について述べてみます。子どもと関わる時に、よく使われる言葉に「がんばって！」があります。子どもは、この言葉をどのように受け止めているのでしょうか。こんなに頑張っているのに、子どもの頑張りが現象面に現れないので、まわりの大人はしつこく「がんばって！」を連発します。そして、挙げ句の果てには「A君も頑張ってるから、あなたもがんばれ」と言ってきます。「僕は僕なんだ。A君ではないのだ。一生懸命、頑張っていることを認めてほしい」と心から訴えている子どももいるのではないでしょうか。

発達に遅れのある子どもの自立は一人一人に課せられた一生の課題であり、いつまでという期限はないと思います。そのために、本来ならば他者が介入する余地はないのです。もし、関わることになれば、その人の努力を認め、共に生き、その人自身が過ごしやすい状態へと援助の手を差しのべてあげることです。

自分の意思を相手に伝えることのできにくい人（自己決定をすることが困難な人）には、二つほど掲げて選択できる環境設定をしてあげることが大切です。あらゆるコミュニケーション手段を用いて自己決定ができるようにするべきでしょう。しかし、そのような方法を用いてみても、基本的な生活習慣の訓練において、子どもに与えられた課題内容が苦痛で辛くなることもあります。それゆえに、常に情緒を読み取り、もし、辛い気持ちがあるならば慰め、すぐに課題を修正してあげる配慮が必要になります。子どもたちの人権を守るには、関わるまわりの大人にソフトなハートが求められているのではないでしょうか。

(2) 保育とは

子育てに欠かせないものとして保育があります。保育とは保護養育という意味です。そして、保育には親の愛情のもとに育てられる家庭保育と、親から離れて育てられる集団保育があります。これらの二つの保育の協力がうまく連携されますと、子どもにより良い成長が促されます。

発達に遅れのある子どもたちの子育てには社会的な資源もあります。それは、療育的な役割を担う児童発達支援センターと福祉的な役割を担う保育園があります。療育は個々の発達段階を綿密にとらえて、医療・心理等の連携を得て、子どもの発達にそった指導が児童発達支援センターで行われます。一方、保育は基本的な生活習慣が中心で身辺自立に力を入れて、親のニーズにも応えるように保育園では努めています。

(3) 集団保育（療育）のプラス面とマイナス面

次に集団保育（療育）のプラス面とマイナス面について述べてみます。

プラス面では、毎日の生活が規則正しくなり、規律や協調性が養われ、子ども同士の関係が徐々に芽生え社会性も身についてゆきます。マイナス面では、スタッフにはどうしても限りがあり、「ながら指導」しかできません。ながら指導とは、字のごとく「～をしながら」ということです。

たとえば、A君がズボンをはく練習をしている時に、Bちゃんがうんこを廊下に散らかしてしまいそちらに先生が行かざるをえなくなり、A君に「がんばって、はいてごらん」と声をかけたままでその場を離れたり、手をすべて貸してはかせてしまうことが往々にしてあります。一貫性を維持して、いつも同じような関わり方を子どもにすることをお母さんに話しているのですが、集団保育（療育）の場ではなかなか難しいのです。また、多動や落ち着きのない子どもの中には集団ですと、かえって、刺激物が多くて課題に集中して応じられない子どももいます。

集団保育（療育）は長くても一日のうちの八時間前後です。家庭にいる時間の方が長いわけですから、このようなマイナス面をお母さんが補ってあげなければなりません。

療育機関は専門と言えども試行錯誤が現実です。それは、子ども一人一人まったく違うからです。良い療育技法があるから、こういう子にはこうすればいいんだと、あてはめてしまうことはできません。療育は常に研究を重ね摸索しながらも、子どもたちの発達が人としてスムーズに生きてゆけるような改善を必要とします。

(4) 家庭保育

家庭保育について考えてみます。現在、育児休業給付制度があります。少子化対策として企業や自治体で力を注ぐ所が増えています。一歳未満の子どもを養育するために、育児休業を取得されることをお勧めします。一年間、仕事のことも忘れて最愛の赤ちゃんと過ごし、育児に専念できることは、子どもの発達に必ずプラスになることでしょう。子どもの良き先生は、いちばん子どものことを知っているお母さんです。しかし、最近の若い母親は育児方法を知らないとよく言われています。受験社会が優先されてきて家庭科を中心に生涯学習の一部である保育学がおろそかになっているのと、核家族化も原因になっています。母親のお母さん、つまり、子どもにとってのお祖母さんには、時代の変化があっても実際に子育ての経験があるわけですから、いろいろなことを教えてもらい、お祖母さんの育児経験を参考にすることもいいでしょう。最近はどんな分野でも、情報化時代で様々な出版物が出回っており、まったく考えの違う本もあり、かえって混乱を招くので、お祖母さんの子育て経験を十分に生かす方が得策であることもあります。また、全国各地にある子育て支援のＮＰＯ法人にサポートを求めるのも一つの方法です。

現代はデジタル情報化社会でもあり、簡単にスマホで子育て情報を入手できます。しかし、その情報が我が子にぴったり合うかどうか、わかりかねることもあります。

子育ての情報を参考にされる場合は、実際に自分の子どもを見てくださっている保育・療育の先生に意見を聞いて、子どもに適した内容であるかを吟味してもらう必要があります。

(5) 睡眠

睡眠は人の脳の活動（行動）を休息させる重要なもので生存機能でもあります。乳幼児期の睡眠は昼寝も含めて一日の半分から三分の二は必要とされています。睡眠を十分に取ることによって、脳の発達に大きな影響を及ぼしていることを理解してください。

(6) 清　潔

清潔感を養うことが身辺自立の鍵と言っていいでしょう。清潔は、親の子育て環境がとても影響を与えます。清潔に対する意識が子どもに出てきますと、自分の身のまわりのことが自分でできる段階になってゆきます。子どもは新陳代謝が激しく、遊ぶことによって体も衣服も、そして、身のまわりの物まで汚してくれる王様です。子どもの気持ちにそって汚れと付き合い、お母さんは適宜、さりげなく子どもに清潔感が身につくように整えてあげればいいでしょう。あまり、厳しく「汚い」と叱りますと、本来の子どもらしい姿が消えて神経質な子どもになりますから注意しましょう。

(7) 就　学

自立して地域社会に生きるため、発達に心配りを必要とする子どもの就学について、私の体験を通して得た学校教育についての考えを「13　共に育ち合う教育とは」のところで述べています。

※本文で使われる用語について……発達に心配りを必要とする子どものことを子どもと表します。
また、健常児（定型発達）と言われる子どもの発達を述べるところではコドモと表します。

便宜上、この表現方法を取らせていただきますので、ご理解ください。

1　診断と受容

診断には適切な配慮を

発達に心配りを必要とする子どもたちと関わり、情緒の発達を捉える時に医師から「障がい・症状名の診断」を受けることが、いかに、その後の子どもの心身の発達に影響を与えているかを考えさせられることがあります。

子どもの年齢や発達のレベル、そして、母親が子どもの兄弟の子育て経験があるかないかでも、診断後の子どもの発達に違いは見られますが、その診断は、母子及び家族の生き方に大きく影響を与えてゆきます。医師の立場からすると早期に発見して診断し、より良い発達への促進をはかる道筋を提供するケアをしてあげたいわけです。しかし、第一子で母親が子育てが初めてのケースでは、母親自身が子どもの発達に気がかりを感じながらも、医師の診断は認めたくないという気持ちが強い場合があり、周りの配慮が必要となります。

自閉症という診断を受けた直後の親は大変なショックを受けます。その子どもも、たとえ低年齢で重度であっても、自分のことで親を苦しめてしまっていることを強く感じ取っています。

「障がい」受容の段階

医師から診断を受けた患者やその保護者に対して精神科医のキューブラー・ロスは病や「障がい」に対する受容についてホスピス（安らぎを与え看護する）の考え方を取り入れました。彼女は病や「障がい」を受け入れるまでの感情にいくつかの段階があると言っています。その内容を参考にして、「障がい」のある子どもを持つ親は医師からの診断に対して、どのような受容するまでの心の動きをたどるのかを述べてみたいと思います。

※人それぞれ、障がいに対する受容の仕方は違いますので、一つの例として捉えてください。

1　否認の段階…子どもに「障がい」のあることを認めない。
（絶対に自分の子どもにはあり得ない、間違いであると思い続ける）

2　怒りの段階…周囲に怒りをぶつける。
（どうして、私にだけにこんな不幸を押し付けるの？　と騒ぎたてる）

3　取引の段階…「障がい」を治してほしいと神に願う。
（頑張って子どもの療育に励みますから「障がい」を取り除いて治してほしいと願う）
4　抑うつの段階…落ち込み、何をする気にもなれない。
（一生懸命に子どものために力を注いでいるのに、子どもの発達が伸びないことに悩む）
5　受容の段階…子どものありのままの姿を受け入れる。
（愛するかわいい我が子を認め、発達の「障がい」に囚われずに子どもと共に歩む姿勢を持つ）

診断名を受けて前向きに生きてこられた親子の二人の例

一人目は『五体不満足』の著者である乙武洋匡氏の誕生時のエピソードです。彼は誕生時に母親から、開口一番に「まぁ、なんて、かわいい子なんでしょう」と言葉をかけられ、母親は愛する我が子として心から彼の誕生を迎え入れたとあります。

もう一人は岩元綾さんというダウン症の障がいを持っておられる方です。彼女の両親は子どもの教育環境は地域の皆と分け隔てなく、一緒に学ぶという信念で共に励んで子育てをされてきました。娘の綾さんにはダウン症であることを一言も告げなかったそうです。大学生になった綾さんは、ある時テレビで「ダウン症の病気について」の放映を見て、自分はひょっとしてダウン症という障がいがあるのではないかと思い、父親に尋ねます。その時に初めて父親は「あなたにはダウン症の病気がある」と綾さんに伝えます。そのことを聞かされた綾さんは大変ショックであったとあります。綾さんは大学で英文学を学び、海外の絵本を翻訳し出版され活躍し、ダウン症等の障がいを持って悩み苦しんでいる人たちが差別されない世の中になるように啓蒙活動もされています。

この二人の成育歴を見ていると「障がい」とは単なる社会システムにおける社会的不利（ハンディキャップ）だけのように感じます。二人を支えた家族はただ、当たり前に自分の愛する子として、一人の人間として認め、必要な時に援助しながら子育てをし、彼らは成長してゆかれたと思います。もちろん、誰もが自分自身の生き方に悩むように、きっと悩まれ、ある時は劣等感にさいなまれながらもメタ認知*を確立されてゆかれたことと思います。この二人の親の姿勢はとても前向きな生き方をされた例です。

＊メタ認知

自分自身の認知の働きについて理解する働き及び自分自身の認知の働きを制御する働きを言います。認知の働きとは思考や記憶のことです。自分が今何を考えているか、どんな考え方をしているかなどを自覚したり、こういう考え方ではなく、別のやり方で考えてみようなどと、考えをコントロールするなどのことがメタ認知です。（伊藤進著より引用）

生後二週間のダウン症の赤ちゃん

なのはな子ども塾を開設して二年目頃に、生後二週間のダウン症の女児Aちゃんを連れて、若いご夫婦が訪ねて来られました。藁にもすがる思いで、母親は必死に「先生、この子の顔をよく見てください。本当にダウン症ですか？　ダウン症なんかじゃないですよね。先生、違うと言ってくださいい。ダウン症だったら、私はこの子を育てることができない」と私の前で泣き崩れておられました。私はこのお母さんの訴えを聞くのが精一杯でした。この母子が、これからの子育てにおいて、重荷になるのか、それとも、楽しく共に生きてゆかれるのか、案じてしまいました。

「今、赤ちゃんに大切なのは、本来のお母さんの優しいまなざしとぬくもりですから、いっぱいスキンシップをしてあげてください。ダウン症として育てるのではなく、愛するご主人との愛の結晶ですよ。ですから、かわいい、かわいいAちゃんとして育ててほしいです」と自分の気持ちを伝えました。具体的にはポーテージ早期教育プログラムの関わり方や、赤ちゃん体操の実技をしてあげ、アドバイスをさせてもらいました。最後に父親が「神様が私たちに授けてくださった、かわいいAちゃんを一緒に育ててゆこうね」と母親を慰め励まされた言葉がとても印象に残り、父親のサポートがあれば大丈夫と私は感じ、逆に勇気づけられ、救われた気持ちになりました。遠方で転勤族と言われていましたので一回限りの相談でしたが、とても心に残ったケースでした。きっと、母親も父親のサポートに支えられて親子で楽しく成長されていることと思います。

医師の診断により、子どもに対して様々に葛藤されている親の姿を紹介しました。

自閉症の診断名を宣告された子どもと同化現象

子どもの「障がい」の診断を受けた親は子どもの今後のことが心配で、なかなか立ち直れないケースも多くあります。そして、周りから「障がい」のある子として見られたり、子どもの診断された症状を仕方なく受け止めている段階が続きます。親は自分の子を愛する我が子と認められず、自分を責めてしまうこともあります。そのことから、自閉症なんだという気持ちをますます強めてしまう親もいます。

幼少の頃に診断を受けた子どもは周りが自分のことを自閉症と言うから、一層、そのように振舞ってしまうことがあるようです。また、専門療育施設や発達に心配りを必要とする子どもたちばかりが集まる学校に通うようになると、症状が同じ仲間という安心感のもと、同化してゆく恐れもあります。社会的に見てあまり相応しくない他児の行動を模倣することで、自分も同じようにしていれば心も安泰になる、と自分の気持ちとは裏腹に諦めの態度が自然に身についてしまう同化現象が生じるケースもあります。このように心理的な発達にも影響を及ぼすとも言われています。また、子どものおかれている環境によって、たとえば、周りの支援者が子どもの状態を充分に把握したうえで、その子どもに合わせて励ますことによって意欲が芽生え、子ども同士がお互いに切磋琢磨することによって、やればできるんだという自信が持てる場合もあります。同化は周りの刺激に左右される環境が最も重要となります。子どもにとって適切な教育環境におかれることによって、子どもの内面にある意欲、主体性、思考力等の芽生えが根本的に備われば、プラス面の同化にもなります。幼少時に「障がい」・症状名の診断を受けた子どもの中には、すでに自尊心を傷つけられてしまい、伸びる可能性のある芽を摘まれて常に緊張を強いられ、ストレス状況におかれてしまうこともあるのではないでしょうか。ストレスとは、緊張と弛緩のバランスが崩れることによって、うまく自分自身でコントロール調整が難しい状況におかれていることを言います。

ある自閉症と言われる言葉のない青年がホールディングメソード（抱っこ法）にて筆談をした時、彼は次のように自分の気持ちを伝えたとあります。「周りが自分のことを自閉症と言うから、自閉症のように振舞っていなければならないのかと思い続け、とても辛かった」と書いています。

診断名を告げられた対照的な二人の神経発達症の子ども

ＡＤＨＤと診断された一〇歳男児Ｂ

Ｂは関西に住んでいた子どもです。母親は離婚後、Ｂを連れて再婚されます。Ｂは周りから見ると聞き分けが悪く落ち着きもなく、すぐに興奮してパニック状態になることがしばしばありました。新しい父親はBの行動はわがままであると思い厳しくしつけ、ついには虐待をするまでにいたります。それを見かねた母親はBに対して物事はよく理解できているのに（聴覚には正しく入力され理解可能）、行動が伴わない（脳内で理解した意味を吟味し加工して正しく表出するのが弱い）と感じます。そして、Bと一緒に病院に行き、医師の診断を受けます。医師はBの前でADHDはどんな症状であるかを説明し、診断を宣告します。その言葉を聞いたBはショックで病院の帰りに自死したのです。ADHDと言われる子どもたちは知的な遅れがないので、自分が他人から、どのように見られているのかを敏感に感じ取っています。自分の意思で社会的なルールを逸脱しているわけではないのに、周りの人たちにとっては困った存在として見られている自分が、きっと惨めになってBは自死を選んだのでしょう。

高機能自閉症と診断された男児C

Cは四歳ぐらいから自分は他の子どもたちとどこか違うと感じ取っていました。自分の思い通りにならないとパニックになって泣き叫んでしまうのです。そして、周りの雰囲気を壊してしまい、嫌がられてしまう自分が嫌で苦しんで自殺したい気持ちがしばしばあったと言います。Cの親は彼のありのままを認め、暖かく見守るタイプでした。Cは中学に入って、児童精神科医から、「高機能自閉症」という診断を受けます。Cはこの診断を受けて、ほっとしたと言います。自閉症という障がいでパニックになるという原因がつかめ、安心でき自分のわがままでないことがわかり、ほっとしたのです。そして、Cの了解を得て、周りの大人やCに関わる学校関係者に、「Cは高機能自閉症という障がいで、このような症状があるので、みんなと同じ行動を取りにくい」と、わかりやすく説明をし理解を深めてゆきました。Cの医師は診断後のケアとしてCに「他の人と違っていいんだよ」と認め、Cは自尊心を傷つけられることなく、自分を自己認知できたのです。今後は、社会的なルールを絵・写真カードを交えて学んでゆく手立てを与えてもらい、より良い方向性を示して条件を整えてゆくということでした。

紹介した二人の子どもは対照的な例です。医師からの診断を受けた時の親子の心理面はどのような状況におかれているのか、常に医療関係者は適切な配慮に努めなければなりません。

診断の宣告によって、二次的な「障がい」である情緒不安定に陥る場合と、逆に二次的な「障がい」が取り除かれて、より良い方向に前進できる場合があることを、これらのケースから学ぶことができます。

医療・教育・福祉に専門職として携わる者は、このような二例のケースがあることを心に受け止めて、ケアを必要とされている方に適切な対応と配慮を心がけなければならないと思います。

2 感覚遊び

子どもは、発達のうえで感覚機能が乳児期の段階の子どもがほとんどです。運動機能は年齢相当であるのに言葉が遅れているとか、その逆の場合もあります。このようにアンバランスな成長をしています。なぜ、アンバランスかというと、感覚的なアプローチが十分にされていないのです。五感には見る、触る、聴く、味わう、におう、という機能があります。子どもは、これらの機能がうまく働いていないので、発達を促す基盤ができていないのです。皮膚を通して、つまり触覚から脳への刺激が大切になってきます。子どもには興奮しやすい子、抑制力のまさっている子、過度に感受性の強い子と、生来の差異はありますが、人の特徴をなす心的特性や人格資質は生得的なものは一つもなく、幼児期を通じて、生活条件と教育の影響のもとに形成され発達してゆきます。それでは、それぞれの感覚機能と感覚あそびを紹介しましょう。

触覚

触ることによって、熱い、冷たい、堅い、柔らかいなどを知る機能があります。周産期心理学者のデーヴィッド・チェンバレンによると胎生二カ月で触覚を感じ取り、指しゃぶりが胎生三カ月で始まると言っています。

子どもの触覚に刺激を与えることによって、眠っている機能を呼び起こす必要があります。触覚は自分で危険から身を守るための重要な感覚であり、皮膚を通して認知するものです。たとえばお豆のお風呂、ハケ・スポンジ・タワシなどによる末梢（手指・足先）から中枢（体の中心）へと皮膚刺激を与えます。また、乾いたタオルで乾布マサツすることも体力づくりになり、一つの良い例です。極度にくすぐったがったり、まったくくすぐったがらない子どもに対して、できるだけ、その刺激が平常に感じ取れるようにすることによって、他者に体を触られてもスムーズに応じられるようになります。

竹踏みころがしは足の裏に刺激を与えます。足の裏は第二の心臓と言われています。子どもには偏平足が多いのですが、竹踏みころがしにより、しだいに治り、歩行のバランスも良くなります。

その他に、冷たい（保冷剤）と暖かい（使い捨てカイロ）の比較、堅い積み木と柔らかいスポンジによる比較遊びもあります。ビニールを触って「つるつる」とか、サンドペーパーを触って「ざらざら」と言って、布袋に隠しておいて手触りで、当てあいっこをするのも楽しいです。

触覚刺激の働きかけは皮膚に直接触れることです。人の体は体性感覚の受容器である皮膚によって構成されています。触覚刺激に対して皮膚で被われた筋、腱、靭帯、関節等の運動機能に関する部位が反応し、適切な行動を行います。また、皮膚は大切な脳をはじめ、人が生物として生きてゆくための循環器系の内臓器官を包み込んで保護する役割を担っています。皮膚への触覚刺激を快の気持ち良さと感じるには、圧覚、温度覚、痛覚等がバランスよくコントロールされなければなりません。これらの皮膚感覚に極端な変動がない限り、情緒の安定が保持されます。

この触覚刺激に対する反応（人との関わりにも関係）が適切に働くには、生きてゆくのに最も大切な機能を果たしている脳幹網様体が関与していると言われています。この脳幹網様体が未熟だと触覚過敏となり、防衛反応が強くなり自分を保護する力が働き、対人関係において相手をシャットアウトしてしまいやすく、コミュニケーションがうまくゆかなくなることがあります。本来、皮膚は触覚刺激を通して、外界の危険から身を守る機能としてあらゆる刺激物に対して、識別する弁別反応をする働きがあります。脳幹網様体が順調に発達し安定してくると、人に触れられることに対しても違和感を覚えず、人を受け入れる体勢ができ上がってくると考えられます。

移行対象

移行対象とは、柔らかいふわふわの感触を味わいスキンシップにもつながる縫いぐるみ・タオル等を肌身離さず持ち歩いたり、口元に触れることで、乳児から四歳頃にかけての子どもの心の安定を図るものとしてウィニコットが提唱しています。移行対象は幼児期の情緒の発達に重要な働きをしています。主に母親との関係から、一番甘えたい時期に弟・妹の誕生や断乳によるストレスフルな状況等で母子分離時の辛さによる情緒不安を静穏化する役割を果たしています。母親に代わる愛着対象として柔らかい物に触れることで、子ども自身がコントロールしながら慰められ、ストレスの軽減を図り、自尊心を育むためのプロセスとして移行対象は位置づけされています。

子どもにとって、もう一つの安心基地が移行対象の存在になりますので、縫いぐるみやタオルが汚れてボロボロになったからと言って、子どもに黙って処分してはいけません。このような行為によって子どもの心は対象喪失に陥り、親子関係がぎくしゃくすることもあります。

神経発達症の子どもは移行対象を「こだわり」と捉えられ、一定の事物に固執性の傾向が強いと見られがちですが、肯定的に対応してあげることも大切です。移行対象は障がいの有無には関係なく、心の安定を図る表現の一つと考えましょう。

※移行対象に関する絵本に『いつもいっしょ』（ケビン・ヘンクス著、金原瑞人訳、あすなろ書房）があります。

聴　覚

耳に入ってくるものをキャッチします。聴覚の発達は、すでに胎教で知られていますが、チェンバレンによると音を聞き分け、それに見あった反応を示すのは胎生二八週頃だそうです。新生児は母親の声に一番、反応が良いのは当然のことです。

神経発達症や自閉傾向の子どもには感覚機能がうまく働かないために、認知障がいが生じます。たとえば、聴覚で言うならば、Mくんという子どもを、「Mくん」と呼んでもなかなか反応しないのは、その時に、鳥のさえずる音、テレビの音、車の音などが周りにあると、自分の耳に一点に絞って聞き取ることができにくいのです。聴力には問題はなく、聞こえているが聞き分ける力が少ないのです。

具体的に聴覚の発達を促す遊びには、身近にある音の鳴るおもちゃや楽器があります。赤ちゃんが最初に出会うおもちゃにガラガラがありますが、自分で握って、初めて音の鳴ることを知り、そのおもちゃの用途を学習します。子どもに、やたらに多くの音の鳴るおもちゃを提供するのは良くありません。一回に二種類出して、モデルを示しても良いのですが、子どもがおもちゃの用途がわからなくても、できるだけ自発的に触れるように設定をしてあげ、子ども自身で音の出る楽しさを発見できるようにします。首が座った赤ちゃんにはアクティビティー・センターという、指先で押したり回したり、引っ張ったりすることによって音の出るおもちゃが好評です。

また、日常生活に結び付いた音、車、電話、玄関のピンポン、水道の水、犬の吠える声等を録音しておいて、子どもと遊びながら音を聞いて、その音の絵カードを集めるゲームをするのも楽しいです。聴覚に集中して課題に取り組む方法で、ヘッド・ホーンを用いての学習もあります。

視覚

目から入ってくる情報をキャッチします。視覚に関しては胎児期に機能は発達していても活動はしていません。出生直後、赤ちゃんは自分を常に守ってくれる母親に目を輝かせ追おうとし、母親と他人とを区別できます。視覚機能のほとんどが大人のレベルに近く、二歳までに視覚組織が完成します。視覚は感覚機能の中で最も情報源が多く、八割を占めている重要な感覚です。

神経発達症をはじめ、自閉傾向の子どもは視野が乏しく、聴覚と同じように、一点に絞って見ることができにくいために、なかなか視線が合わないし、本人から合わせようとしないことが多いものです。その他に、同一の物でも、形が変わると理解できない認知障がいがあります。たとえば、バナナの好きな子どもで、半分に切ったバナナをあげると嫌がって、まったく食べたがらないのです。半分になったバナナは、その子どもにとってはバナナではないのです。目の前でバナナを半分にするところを見せてもです。他の物でも、このような例を今までに見てきています。

自閉傾向の子どもが眉間にしわをよせて、悲しそうな表情をするのをよく見かけます。それは目の周辺に緊張があるようです。このような表情が薄れてきますと情緒も安定してきて視線もしだいに合うようになってきます。

集中力を養いながら視覚を発達させる遊びには、暗い部屋で子どもの一メートル以内の所で向い合ってペンライトを左右に移動して、子どもの目の動きを観察します。子どもの好きな乗り物や動物や果物などのスライド写真を作り、上映して、これも左右に移動して見せると、ほとんどの子どもは集中して目で追って見てくれます。ボールの振り子遊びは、天井に直径三〇センチぐらいのボールをちょうど、子どもの目の高さくらいに吊るして、左右に揺らして見せます。ボールは色の目立つ赤がよく、できれば、背景が白い壁の所であれば最適の環境です。子どもが注目するようになったら徐々にボールの大きさを小さくしてゆきます。その他にはクーゲルバーン（車、小さな球、起き上がりこぼし、○△□の形等のいろんな種類の物が坂を転がってゆく）というおもちゃが子どもたちには人気があります。カード・プレーヤーはカードに描かれている絵の名称がスピーカーから聞こえ、カードが動きますので、目で追いながら喜んで見てくれる子どもも多いです。絵かき歌も子どもたちの興味をそそるようです。

聴覚や視覚に関する遊びを紹介しましたが、聴覚・視覚・コミュニケーション機能等に活用できる物として、ＶＯＣＡ（携帯用会話補助装置）があります。このＶＯＣＡを使用して楽しく遊びながら人とのコミュニケーションを深めることができます。

嗅　覚

嗅覚はにおいを感じ取る機能ですが、この感覚も視覚と同様に子どもが誕生してから活動しはじめます。新生児でも、悪臭と快い香りに対して、はっきりと違いを示します。悪臭には不機嫌な表情となり、快い香りには満足げな笑顔を見せます。

チェンバレンによると、母親の使ったブラジャーのパットと新品の物とを赤ちゃんに示すと、母親のパットの方に振り向くことが多いということです。新生児にもにおいをかぎわける能力が、すでに発達しているということが、この研究で証明されたそうです。

自閉傾向の子どもの中に、やたらに、物を鼻に持ってゆき、においをかいで確認する子どももいます。遊びとしては、果物の模型に、それぞれの香りをつけたり、調味料のボトルににおいを残しておいて、お店屋さんごっこをします。また、ハーブやお香にも、様々な香りがありますので、いろいろなにおいを提供して情緒面をリラックスさせる効果もあります。

味覚については食事のところで詳しく述べたいと思います。

前庭・固有・平衡感覚

前庭感覚とは、前庭機能の内耳の一部に三半規管というものがあり、そこに支障をきたすと遊園地の遊具による揺れや、車酔い、船酔いなどで、頭がふわふわしたり、目まいのする現象が起こりやすくなります。前庭機能は胎児期にも発達しています。母親の動きに伴って羊水の中で、胎児は動きの速さや方向の変化を感じ取り、体勢を整えてバランスを取るようにしています。また、胎児は前庭系を用いて、自分なりのマイペースで体操のように活発な動きもし、多くの母親は、そのことによって赤ちゃんに対する喜びを感じるのです。

固有感覚とは、生きる環境（刺激）に応じて反射的に筋肉活動が自動的に緊張したり、あるいは弛緩することによって調整される感覚機能を言います。

平衡感覚とは、ボディー・イメージ（身体像）が形成されていれば、人は空間における位置や運動を認知しながら、自分の体のバランスを保持する役目をします。その機能が平衡感覚です。人は前進したり、回転する時の速度の変化に応じてバランスをコントロールし平衡感覚を保つようにしています。

子どもたちにダンボールなどでトンネルを作っておいて、くぐる練習をします。なぜかと言いますと、たとえば、机の下を子どもがくぐろうとして、よく頭を打つことがあります。何回くぐってもぶつけるのは、子どもに自分の体の身体像（ボディー・イメージ）が完成されていないからです。人の脳の中で、机をくぐる場合、どの程度、自分の体をかがめたらいいか指令があって、ぶつからないようにくぐるわけです。

セラピーボール（直径五〇センチ～一メートルぐらいの物まであり、ゴム製でとても弾力性があり、バランスボールとも言われている）に乗せての訓練では子どもが自分の体を保護伸展（体のバランスを取りながら自分の手で体を支えて保持する）できるように促しています。この訓練は前庭感覚を養います。最近のコドモは、転んでも手を地面につくコドモが少ないので怪我しなくてもいい顔に傷をつけています。特に子どもは前傾姿勢が多いので、この訓練が大切です。セラピーボールを利用するのは感触を楽しみながらできるので、保護伸展も、わりとスムーズにできるようになってくるのです。

セラピーボールを使わない場合は、ねこ車をしても訓練できます。また、赤ちゃんの場合はセラピーボールの上に乗せて（首が座ってからの五、六カ月児でないと危険）左右に軽く傾けて、赤ちゃんの体を斜めにして、それぞれの片手を差し出して保護伸展の訓練をします。遊具に回転塔がありますが、おもいっきり回しても、まったく目が回ったりせず、酔わずに御機嫌の子どもが多いのですが、乳幼児は比較的酔うコドモは少ないのです。目がまわったりしないのも障がいの症状の一つにあげられます。ですから、回転や揺さぶりで刺激を与えることも大切になります。

前庭感覚を養う遊びには、その他にぶらんこ、シーソー、ハンモック、ローラー・ボード、トランポリン、ボールプールなどがあげられます。

　赤ちゃんが母親におんぶされて、母親が洗濯物を干しながら、前かがみになるたびに赤ちゃんは自分の体が落ちないように、重力の反対側に体を反らそうと努力します。この時にも、前庭感覚機能が発揮されるのです。

　首の座った赤ちゃんには、できるだけ赤ちゃんをうつぶせ（腹ばい）にさせることを勧めています。あおむけで寝かされている赤ちゃんは、とても刺激が少ないのです。いくら天井にカラフルな絵やベッドに動くモビール玩具をセットしても、刺激には限りがあります。赤ちゃんが目覚めている時に、うつぶせにしていると一八〇度の視野が与えられます。たとえば、ガラガラが近くにあるのを見つけますと、赤ちゃんは一生懸命、腕を伸ばして、熊手状把握でガラガラを自分の所に引き寄せようとします。しかし、残念ながら、そのガラガラが取れずに横に転がっていったならば、必ず、ガラガラという対象物を目で追視するのです。やっと、赤ちゃんの努力がむくわれて、ガラガラを手に入れますと、口に持ってゆき、これはなんだろうと確かめたりします。このような動作をしているうちに寝がえりが偶然できだし、赤ちゃんは一層、周りの物に興味や関心が芽生えてゆきます。

　うつぶせは前庭感覚を養うとともに腕の筋肉の調整、つまり固有感覚の発達も促します。うつぶせの状態は心臓の位置より、脳の位置が高いために血液の循環がとても良くなり、脳の発達に良い影響を与えると言われています。

自閉傾向の子どもには運動面にも問題が見られます。それは、一見、高い所などに登ったり、飛び降りたりして、いかにも運動神経が優れているように見えるのですが、平衡感覚が悪く、バランスが良くありません。温水プール指導で、子どもにアームヘルパー（腕につける浮き輪状の物）をつけて浮かせてみますと、体が斜めに傾いて浮いていることが多く見られます。

平衡感覚を養う遊びには、スベリ台、平均台、プール遊び、自転車、ローラースケートなどがあげられます。

3　脳の働き

脳の神経細胞は受精後二八日の妊娠一カ月で増え始めます。そして、妊娠一〇～二〇週にかけて大脳皮質の神経細胞が全部作られると言われています。

脳の発達がめざましい時期は乳幼児期であり、療育に関わる者は、母親についで子どもとの信頼関係を持ち、知能人格形成において最も大切な時期であることを十分に配慮したうえで、子どもと接するように努めています。

脳には右脳と左脳があり、右脳は空間情報や音楽などを司り、左脳は言語をつかさどっています。脳細胞が人にとって活発となる最高の時期は一〇歳前後と言われています。

しかし、一番重要なのは〇～三歳までです。発達に遅れのある子どもを産んでしまったという両親のショックを療育に関わる者は和らげてあげます。そして、コドモを育てる方法で接することだけでも子どもにとって成長のプラスとなることを親にわかりやすくお話しています。

自閉傾向の子どもに見られることですが、機嫌の良い時や不安定な時に、鼻歌（メロディーがしっかりしたものを表現する）がたまにあります。なぜ、歌詞が出ないのかというと前述したように、右脳の音楽をつかさどる方の脳細胞は活発ですが、左脳の言語をつかさどる方の発達が乏しくアンバランスな成長となっているためなのです。

脳の機能不全

神経発達症の子どもの説明のところで、彼らには中枢神経系（脳）に機能不全があると言いましたが、ここで、詳しく脳の働きがどのように支障をきたし、学習や行動において、どのような症状がみられるかを具体的に述べてみます。

彼らは学習や行動において、とても困り苦労しています。その原因はまだ明らかではないのですが、先天的な脳の障がいとも言われています。また、脳へのアレルギー症状が原因で脳の神経伝達物資であるドーパミンやセロトニンなどを、量的にも時間的にも充分に脳が必要とする時に合成や分解されていないのではないかとも言われています。つまり、スムーズに活動していないということで脳に機能不全が生じているようです。

具体的にはどのような症状であるかと言いますと、高機能自閉症と言われる方が本を出版し語っています。その一人に、ドナ・ウィリアムズさんがいます。彼女は人との関係でいろいろと苦しみ、悩まれたことを訴えており、そこからいくつかのことが明らかになっています。

高機能自閉症の人の症状には、知的な遅れはない、コミュニケーションは可能、独特な感覚機能を持つ、人の感情が読み取れない等があげられます。脳の機能不全について具体的に三つ上げます。

1　視覚は脳の後頭部にある後頭葉でつかさどっており、視覚皮質の第一領域野には全く問題はなく、視力は健全で目はよく見えます。しかし、第二領域野には問題があり、事物に対して焦点を合わせて見ることができにくいのです。そのことで、視線が合いにくいと言われています。脳の右半球の障がいの場合は人の顔の識別が困難になります。目の前にいる相手の顔には目鼻口がなく、ただの平面に見えたり、また、逆に顔の一部のみが鮮明で一箇所しか捉えられないこともあるのです。そのために目で見ての状況判断が難しく、人の感情が読み取れないことになり、人とのコミュニケーションにも支障をきたしやすくなります。

脳の左半球の障がいの場合は主に学習面において困難が生じます。文字の認知が不十分であるため、文章の理解が難しい、読む時に原文を無視して自分で文を作って読む、文字を飛ばして読む、字を書く時に似ている字を間違えやすい、鏡文字になる、絵を描くのが苦手、計算では位を間違える等があります。

ＬＤ（学習症）の人の症状は左半球の障がいが影響しています。

2　聴覚は脳の側頭部の側頭葉でつかさどっています。第一領域野の聴力は正常であり、音刺激には問題はありません。側頭皮質第二領域野の機能障がいがあり、同時に流れている音から自分にとって必要なものだけを聞き取る力が弱くインプットしにくいのです。

これらの視覚と聴覚機能は、目と耳を通じて入ってきた情報をより高次の意味あるものに脳内で加工するのが難しいのです。そのために、対人関係において語用論に問題が生じ、相手の意図が理解できず、ちんぷんかんな言動を表出してしまい相手から誤解を招くことになります。つまり、視覚、聴覚における第一領域野と第二領域野の連携協調する働きがスムーズに活動できないのです。

3　手指をはじめ随意に体を動かす運動は前頭葉の運動野と頭頂葉の体性感覚野の連携によってつかさどられています。神経発達症の子どもの中には、動作に不器用さが見られます。身体のどの部分にも麻痺はありませんが、上肢と下肢の運動機能の協調が不十分です。目で見て周りの状況を把握し瞬時に運動機能との連携をはかっての行動が難しいのです。部分的な運動機能は順調だが、同時の総合的機能になると、いろいろな面で行動に支障をきたします。

4 遊び

子どもと遊ぶ時には大人は子どものようになって、同じ視線に立って無邪気に遊びながら子どもを観察するということを心がけることが大切です。とても難しいことですが、そうすることによって、子どもの方からも自然に寄ってきてくれることがあります。子どもに「〜して遊ぼう」と言って誘うのは禁句にしなければなりません。絶対に子どもを大人のペースの遊びに引きずり込んではいけないのです。大人にとって、子どものしていることが無意味に見えても、子どもにとっては遊びであり、必ず意味があるはずです。ですから、その遊びを受け止めてあげ、むしろ、子どもの真似をして、子どもの気持ちに楽しくひたってみることも大切だと思います。そのように子どもと付き合ってゆくうちに、子どもの好きな遊びを把握でき、少しずつ子どもの視野が広がるように試みる機会が得られます。そこで初めて、子どもの遊んでいることに、さりげなく変化を加えて、その遊びを強制することなく、大人自身が楽しく遊んでみて、興味を引く環境設定にします。そしてこんなに楽しい遊びもあるんだよと誘導してあげます。このように、ひとり遊びしかできない子どもには楽しさを発見できるように、子どもの遊びにも少しずつバリエーションを加えたモデルを示してゆきます。

おもちゃの用途が理解できない子どもに、どのように関わったらいいのか困ることがあります。子どもに良いと思って買ってあげたのに、それを子どもがでたらめに使ったりすると叱ったりする親がいます。そのおもちゃは子どもに与えられ、その子に所有権がありますから、子どもに自由に使わせてあげ、絶対に取り上げてはいけません。ただし、子どもがおもちゃの取り扱いに不十分な場合、リスクが生じないように大人の配慮が必要になります。子どもがおもちゃを使っていない時に、大人が子どもから借りて、楽しくおもちゃの用途に従って遊んでみて、子どもにさりげなく見せてあげます。また、もう一つ同じおもちゃがあれば、大人が並行遊びをして徐々に誘導してあげるのもいいと思います。

発達を促すおもちゃがたくさん販売されていますが、おもちゃの用途のわからない子どもには、投げても安全なボールや感触を楽しめる小麦粉粘土や、赤ちゃんの好きなアクティビティー・センター（指で押す、つまむ、引っ張る、回すなどの操作をすると、様々な音が出るおもちゃ）、コルクの積み木などのおもちゃが最適に思われます。その他に、子どもに思考力と想像力を芽生えさせる砂遊び、水遊びもふさわしいと思います。

スマホやタブレットによるゲームのおもちゃは極力、避けたほうがいいでしょう。なぜかと言いますと、電磁場が発生し、放射線が微量に出るということで体に良くありません。また、視力を低下させ、集中する能力を減退させます。そして、人とのコミュニケーション機会が減り、対人関係に悪い影響を及ぼします。ペンフィールドの言う体運動領野の体部位局在を人間像化した図（90頁を参照）では、人の脳の働きにおいて舌・手指がウエートを占めています。それは手指をおおいに活用する微細協応運動によって脳を活性化するわけですが、スマホゲームの指による操作ぐらいでは、まったく論外と言っていいでしょう。

小学三年三三名のクラスにおけるスマホゲーム等に関するアンケートでは、八二％の子どもが自分のゲーム機を持ち、スマホやビデオを含めると一日のうち平均約一時間一〇分はバーチャルな世界に没頭しているという結果が示されました。脳が発達する時期にバーチャルな世界に浸っていると現実の社会との区別がしにくくなりますから、スマホゲームは短時間に制限して使用しなければなりません。また、スマホゲームの平面画像を長時間見ていることにより、距離感や立体感を捉える機能に問題が生じると指摘されています。

「ゲーム障害」がＷＨＯ（世界保健機関）の国際疾病分類に認定されています。「ゲーム障害」は昼夜に関係なく、前述のＩＴ機器によるゲームに没頭し、依存することで自分をコントロールできずに脳にダメージを与え、生活に支障をきたす症状が見られます。親は子どもの将来を心配し親子関係はぎくしゃくし、家庭内暴力に至るケースもあります。

次に子ども同士の遊びについて述べてみます。周りの大人は他児との関係にも配慮しながら、他児との遊びにも徐々に導入します。そして、遊びの中での対人関係が協調性を生みだしたり規律を守るというように、社会性を身につけることへと促します。たとえば、砂遊びの中で他児に砂をかけることなど、遊びの中でも良い事と悪い事を知ると同時に、喧嘩は子どもの成長する過程の一つですので危険のないように見守ってゆくようにします。

遊びの静動を配慮して、遊びが成長のアンバランスをほぐす役割を果たすように心がけます。

コーナー遊びを設定して子ども自身で自分の好きな遊びを選べるような環境を常に心がけて、子どもに自律性を促します。たとえば、音楽コーナー、造形コーナー、運動コーナーというように。子どもたちにとって魅力ある遊びを設定し、一瞬を大切にしてあげます。我々大人でも、映画やコンサートに出掛けて見たり聞いたりして、必ず心に残る想い出のワンシーンがあるように、子どもにも必ずあります。日頃の遊びにも工夫を凝らして、新鮮味あふれる遊びも少しずつ取り入れ、大人も遊ぶ時には、なにもかも忘れて体をおもいっきり使って、遊びに専念してほしいと思います。

5 言語

言葉は人間にとってのコミュニケーション手段の一つです。赤ちゃんにとって最初の言語獲得における重要な役割を果たすのは母親です。母子関係がスムーズな環境でなければなりません。赤ちゃんは泣くことで自分の意思表示をし、それをコミュニケーション機能＝言葉として用いています。泣き声には六つの意味があると言われています。おなかがすいたという空腹、体のどこかが痛い、大好きな母親に抱かれて甘えてみたいという甘え、おむつが濡れたり、暑い、寒いなどの不快、心地良い眠りに入れずに眠い、そして、これらの五つの泣きに対して六つ目の意味は、すぐに母親の反応がかえってこないと、情緒に不安を感じ泣き出すという不安があります。赤ちゃんは、このように、生理的なことで自分自身を守る手段として、泣くという発信をするのです。

ですから、母親は赤ちゃんが泣いたら、なぜ泣いているのかタイミング良くキャッチしてあげなければなりません。タイミング良くキャッチすることは、難しいことですが、前述の六つのポイントに注意しながら赤ちゃんの表情を見て、適宜、言葉かけを豊富にすることが大切です。

たとえば、母親が赤ちゃんにいつも、「マンマ」と言って食べ物を与えていると、喃語《なんご》として初めのうちは意味を持っての「マンマ」ではないのですが、しだいに、赤ちゃんは「マンマ」と言うと「ごはん」の意味につながりを持って表現します。また、「ブー」と言えばお茶が飲みたいということであることを、母親も理解して適切に対応することができるようになります。

言語には表出言語（言葉で話すこと）と理解言語（相手の言葉を受容し理解すること）があります。まず、表出言語について述べてみたいと思います。

表出言語

表出言語の訓練としては発声・音声を出す機能

訓練があげられます。それらには、笛やハーモニカを吹く、ろうそく消し、吹き戻し紙巻き風船、くまのしゃぼん玉（プステフィクス社）などがあります。

◎手作りの呼気訓練器の作り方と遊び方

① 厚さ5㎜、長さ50㎝、横幅10㎝の板に球が転がる溝をつけて蓋板を作る。ストレートコースとカーブコースの2種類作り、蓋板の端に球が落ちる穴をくり抜く。

② 落球を受け止めるボックスを作り、その上にストレートかカーブの蓋板を重ねて遊ぶ。

③ 球が自然に転がり出るように、ボックスの中はスロープにし、側面に丸穴を開ける。

④ ピンホン玉、ガラス玉、木の玉を用意する。

⑤ 子どもは呼気訓練器のコースに球を置き、球が置いてある所に口元を持ってゆき、息を吹き

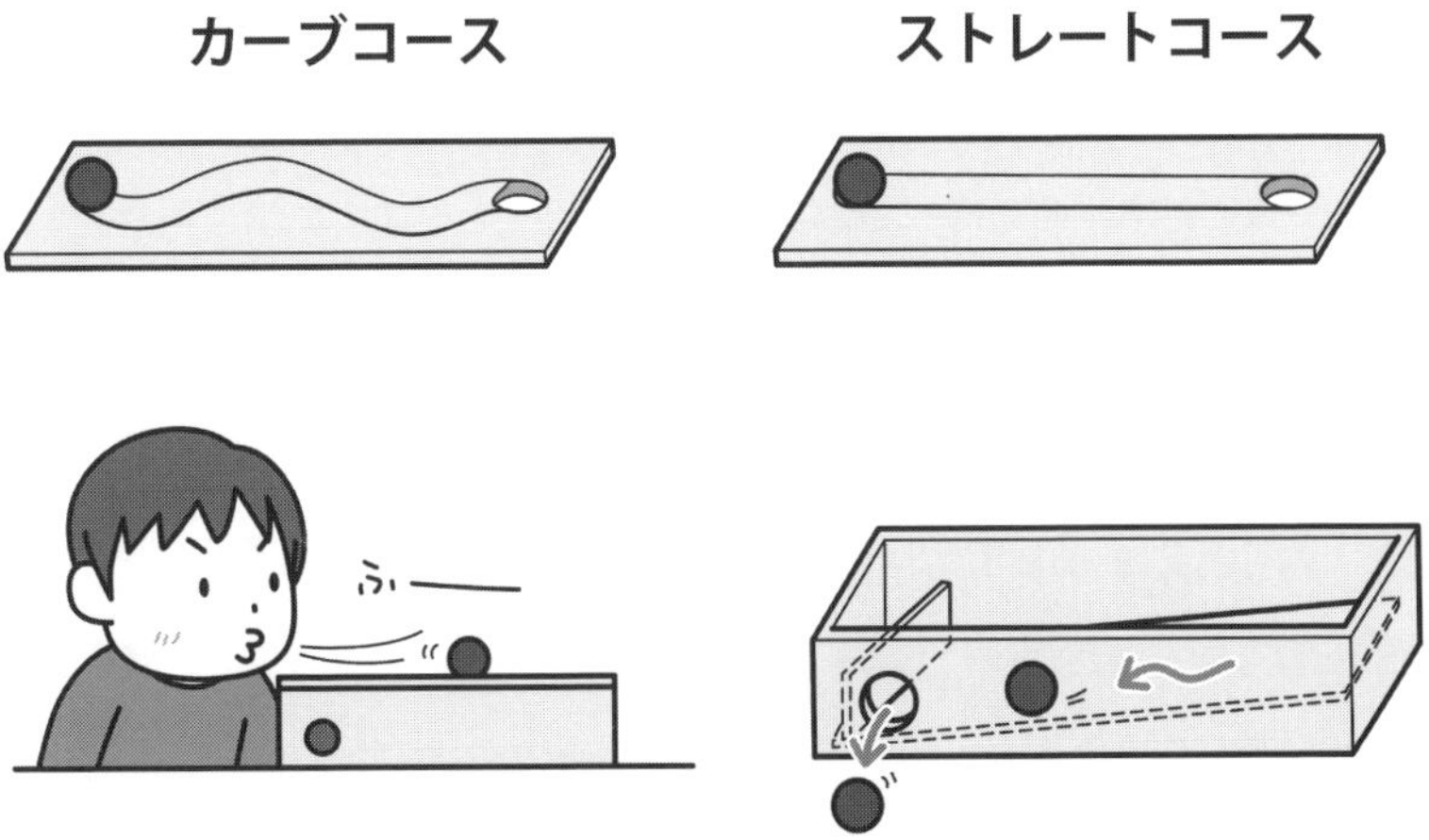

かける。球の重さやコースに合わせて、吹く力を調整しながら球を穴に向けて吹き転がす。

⑥　球が蓋板の穴に入るとボックスの側面の穴から球が転がり出る。

前述の訓練は高度なために、初歩的なアプローチとして、摂食指導を中心に口腔機能の極微細な運動を高め、音声器官の発達を促し言語表出に結びつけてゆく方法があります。実際に食事時に子どもの口腔機能の発達に応じた調理法に基づき食事を作り、子どもに摂食介助します。食前に口内外周辺の緊張をほぐすために口唇、頬、舌の筋刺激訓練というバンゲード法を試みるのもいいと思います。このバンゲード法は、デンマークのバンゲード小児病院の歯科部長であるビヨーン・ルセール氏によって開発されたものです。その他にえん下（飲み込む）促進法としての歯肉マッサージや筆で口の周りに刺激を与えるルード法を用いて、優しくマッサージをし、子どもがリラックスした雰囲気で楽しく食べられる環境に整えてあげます。

これらの方法は主に運動機能に障がいのある子どもに用いられています。しかし、自閉傾向の子どもにも口腔周辺に緊張が目立ちますので、効果があると考えられます。実際に子どもに行う場合は、療育専門家の指導を受ける必要があります。

表出言語をすでに獲得している者は、いかにも簡単におしゃべりしていますが、口の周りの動きは指先の動きより、一層、極微細な運動と言えます。摂食機能は表出言語の発達に密接な関連があります。口腔諸器官が活動することによって摂食ができるようになり、その働きの基盤づくりがなされる時期と並行して、表出言語の初期に現れる音声、つまり、喃語が芽生えてくると言われています。このことは、口腔諸器官の働きが音声機能と摂食機能の発達過程において、ほぼ同時期であることを示しています。

具体的には、赤ちゃんは五カ月頃には離乳食として、半固形食を口に入れられると、自分の意思で口腔機能をフルに動かして、えん下反射を繰り返し誘発して飲み込むことを練習し、食べ物を口に取り込む動きである捕食を習得します。えん下がしだいに上手になるにしたがって、口腔内で食べ物をとかして噛みながら唾液と混ぜ合わせるそしゃく（噛む）を少しずつ身につけてゆきます。赤ちゃんは七、八カ月頃には、このそしゃくをほぼ獲得し、表出言語の発声にも、徐々に明瞭な子音が聞かれるようになります。赤ちゃんが食べ物を摂食すると、数回もぐもぐしながら、唇をしっかり閉じたり、左右の口角を同時に伸縮したり、舌を上下に動かすことによって舌で食べ物を押しとかします。

九～一一カ月頃には、口唇の動きは上唇と下唇が協調しながらねじれ、口角も交互に伸縮し、舌は左右運動が可能になり、そしゃく運動は完成します。

乳児期から幼児期に移行する頃に、しだいに顎の動きが複雑にコントロールできるようになります。そして、顎を少し開いた状態を保ち続けることによって、歯擦音などの子音の発声が徐々にしやすくなってきます。

ＳＴ法という日本語五十音の発音声の口形が一つ一つに構成され、吃音や構音障がいによる言語に遅れがある子どものために開発された物があります。子どもと向かいあい、子どもの口の周りをリラックスさせながら、指で発音しやすい口形に優しく導いてあげる技法です。

構音障がいは言語を発する時に、発声、呼吸、構音に必要な筋肉の機能に障がいが生じ、流暢な発音を妨げてしまいます。また、聴覚に障がいがあると音声を正しく聞き取れずに、歪んだままに覚えて発音するようになります。

形態に異常がある（口蓋裂、声帯マヒ、歯列不整等）場合は手術し、筋肉の機能訓練をすることによって改善されます。

知的な遅れがあるために、正しい言葉としての音を作り出す構音を獲得するのが困難なことがあります。そのために、か行、さ行、ら行などは特に発音しにくいようです。

親の話しかけがとても早口ですと、子どもにとっても聞き取ることが難しい場合もあります。そのことが構音をはっきりと発音せずに不明瞭な表出状態にする原因にもなります。

吃音の原因はまだはっきりしたことがわかりませんが、いくつかの原因説があります。器質的には聴覚や大脳の左半球の発達が不十分であると言われています。そのために、吃音の子どもには利き手が左手の場合が多いようです。また、情緒的に不安定になると、つい吃音が出て、吃音を繰り返すことになり、そのことが学習され、悪循環に陥るケースもあります。その他、親に吃音があるという、遺伝的な要因もあげられます。吃音には三種類あり、音声を繰り返す連発、音声を引き伸ばす伸発、そして、音声に間が空く難発があります。

子どもの中には二、三語文が出始めた頃に、早く自分の気持ちを相手に伝えたいがために、あせって吃音になることもあります。しかし、このような場合は一過性のものですから、心配することはないでしょう。表出言語を完全に獲得できているのに、吃音になる場合は情緒的な問題が潜んでいることもあります。周りの聞き手の大人が子どもの気持ちに配慮して、緊張を和らげて、「ゆっくりお話していいのよ」とさりげなく言葉かけしてあげましょう。

吃音のある子どもは歌を歌う時は症状が出ませんので、リラックスして楽しくお遊ぎをしながら歌う機会を増やしてあげるといいでしょう。

エコラリアへの対応

言葉のコミュニケーションがうまく成り立ちにくい子どもの中にエコラリアという症状があります。エコラリアは反響言語とも言い、オウム返しという別の言い方もあります。エコラリアを「意味ある発話」「何らかの機能を有する発話」だという見解で、肯定的に捉えましょう。子どものエコラリアはコミュニケーション機能（意図・意思）と考えます。大人の質問を子どもがそのまま復唱できたことを褒め、受け手は読解力と想像力で子どもの意思伝達の受け止めに努めます。

エコラリアを意味理解に向けての過渡期と考え、子どもが言葉の意味を確認し、インプットしている最中であると捉えます。子どもと暫くの間、たとえ、エコラリアであっても、あせらずに言葉のキャッチボールを楽しんでほしいと思います。

エコラリアを改善する指導方法

たとえば、統合数を答える課題において、子どもの好きな教材である小麦粉粘土を使用して支援します。子どもに八色の粘土（横に1〜8の数字カードも置く）を並べ、指さし一対一の対応をしながら数え（数唱）てもらいます。　※写真をご覧ください。

初回に大人がモデルを示して、子どもに見てもらいます。「全部で」とか、「合わせて」の意味をわかりやすく実物を使ってお話しします。まずは、二つのまとまりから始め、次に三、四、五、六、七、八と進め、理解できるようにしてゆきます。

子ども：指さして「いち、に、さん、し、ご、ろく、しち、はち」
大人：「全部で（合わせて）いくつあった？」
子ども：「全部で（合わせて）いくつあった？」とエコラリアします。
大人：「よく、先生（お母さん）の話を聞いてくれたね」「真似して言えたね」「すごい、○○くん。がんばっている」「先生（お母さん）うれしい」と褒めます。

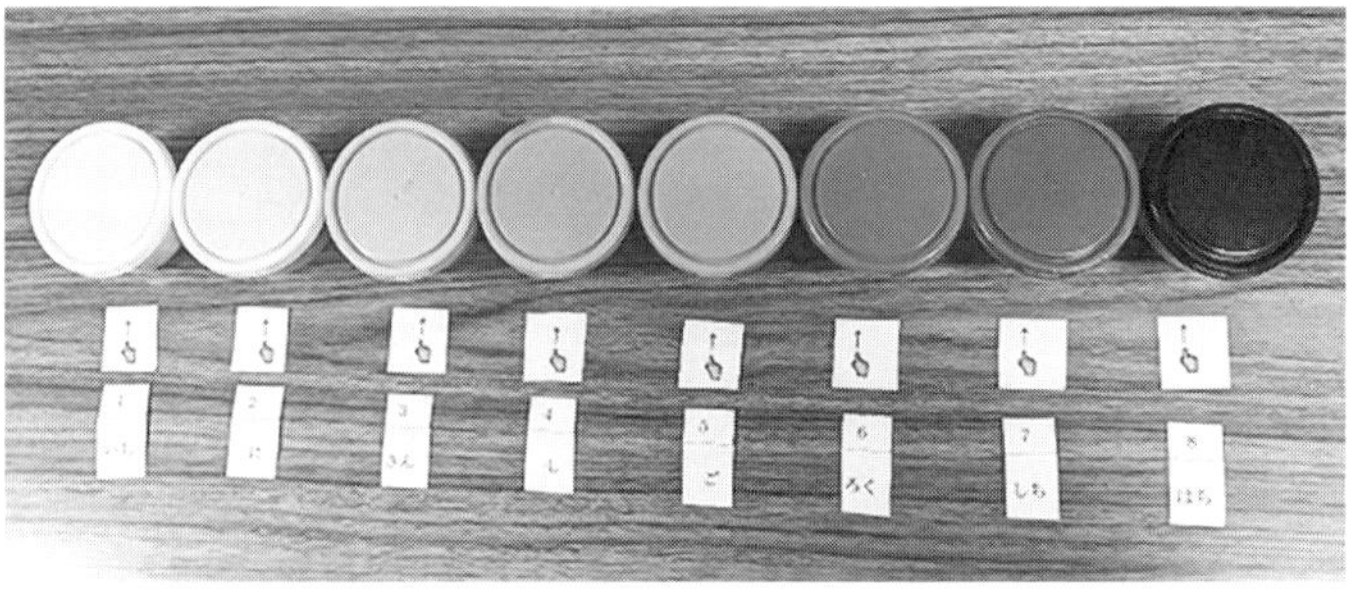

大人：「じゃあ、もう一度聞くよ」と並べてある八個の粘土全体を子どもに見せ、指さしします。

「全部でいくつあった？　八」と言います。

子ども：「八」

大人：「八だね」「正解やった！」手のひらを子どもに差し出しタッチのご褒美をします。

これらの方法で楽しく、繰り返し学習します。徐々に大人は正答の最後の数字を言わずに質問のみの言葉かけにします。

子どもがすでに学習した課題内容についてはエコラリアがないかを確認します。たとえば、現在は「自分の名前、男女比較、形・色の名称」の質問にはクリアして正答しており、エコラリアが聞かれるのは比較的、最新の課題であるということです。

親には子どもの初語に喜び感動した頃のことを頭に描いてもらい、エコラリアも認めて関わってもらいます。

●方法1

・質問文を紙に文字にて視覚化する。

・答えの名称・数は絵や物に書いたり、カードを貼ったりして視覚化し、ヒントとして提示する。

●方法2

・モデルを示す時、質問する人（大人役）と答える人（子ども役）を大人二人で役割分担をする。

・質問後に即時に答えるところでは、正答を子どもの前で大きな声で言って聞かせる。

・正答を聞いて、子どもの答えがエコラリアであっても大人は子どものエコラリアを褒める。

ホールディングメソード（抱っこ法）による言語表出課題

子どもの情緒を改善しながら、発達を促してゆくホールディングメソードという心理技法があります。親は子どもを抱っこして、子どもの今までの辛い体験を心ゆくまで慰め、親子の愛着を深めます。

子どもが日常生活の中でうまく言葉での表現の仕方が分からずに困りながら、嫌だなと思うことを我慢して行動していることがあります。子ども自身が人として生きてゆくための術を学ぶことが求められます。その最も重要なコミュニケーション機能の言語の初歩的課題が抱っこ法に取り入れられています。このような辛い状況を打破するには、子どもは相手に自分は「いや」という思いを伝えることを習得する必要があります。その方法を抱っこ法を通して、「嫌な時には『いや』って言っていいんだよ」ということを教示してあげるのです。そして、子どもは自分の気持ちを表出することで、親子がお互いに意思疎通をはかられる抱っこ法のセッションが行われます。

理解言語

次に、理解言語について述べてみます。理解しているかどうかはクレーン行動（相手の手をひっぱって物のある所に行き、欲しいと要求すること）や、もう少し高度になって指さし行動が現れていれば事物に対して理解していることになります。

では、具体的に指さし行動の発達について説明してゆきます。身近な母親がコドモの視野内で、たとえば、コドモの好きなおもちゃが少し離れた所にあり、そのおもちゃを母親が人差し指で指さししながら、「くまちゃんがあるね」と言えば、必ず、乳児が母親の指をさした方向を見ることができるかをチェックしてみます。相手が指さしすると、その方向を見ることのできる段階は生後九～一〇カ月頃で、このことを指向と言います。（情緒発達では志向期）一一カ月になりますと、要求行動として、指さしが用いられます。

次の段階はコドモが自分の周りに関心を示した事物に対して、まだ、表出言語が不十分なために「アーアー」と言いながら、やみくもに自分の人差し指を用いて指をさす行動が見られます。この指さしを定位（情緒発達では得意期）と言い、一歳～一歳三カ月頃のコドモに見られます。

次にあげる指さしができるようになれば、コドモは完全にその事物に対しては理解していると、大人は判断することができます。それは、たとえば、絵本の中に犬と車の絵が一ページに描かれていて、「ワンワンはどれ？」と尋ねた時に、コドモが犬の絵を指さすことができれば、犬に関してはコドモは理解しているということになります。この指さしを可逆（情緒発達では吸収期）と言い、一歳六カ月～一歳九カ月頃のコドモに見られます。発達検査等では、まぐれの指さしもあり得るので、二種類の絵カードを左右・前後・左右に置き並べ替えての六回試みて、五回正しく指さしができれば合格という方法を行っている物もあります。

理解言語が増えてゆくにしたがって、コドモは二〜三歳にかけて、事物には名称のあることを知り、単語を列挙するようになります。そして、六歳までには物事を順序だてて動作表現をしたり、「てにをは」の助詞がスムーズに加わってきて二語文、三語文が完全に身についてゆきます。小学校の低学年あたりになると、想像して自分でテーマを作って述べることが、しだいにできるようになります。

理解言語を獲得してゆくのに、毎日の生活リズムが一定していますと、母親の言葉かけにより、子どもにとっては把握しやすいでしょう。乳幼児のコドモが言葉をどのように理解して、動作表現をし発達してゆくのかを述べてみます。

乳児期は感覚受容期であり、いろいろな物に働きかける動作、触れる遊びが中心になります。たとえば、触って、柔らかい、堅い、冷たい、温かいなど、母親の言葉かけでコドモは思考し、想像力、記憶力を養います。そして、いずれ言葉へとつながります。

やがて、幼児期になると、今までの基盤が一層活発になり、見立て遊びをしたり、集団の中で他児の影響からの刺激で、多くのことを学び、発見する喜びを持つようになります。そして、ごっこ遊びや簡単な労働を行うようになります。

言葉かけにおいて大切なことは、子どもが理解できていないと決めつけるのでなく、実際にわかっていなくても、「〜ちゃんは、今、〜をしているのね」と赤ちゃんに話しかけるように、言葉かけをしてあげましょう。

子どもは、親の期待とは裏腹に、わからずに、困る行動をしてしまうことが多いです。そんな時に親は子どもを叱るのに禁止の言葉かけをしてしまいがちです。子どもの身に危険がある時や他者に危害を与えるような時のみ、禁止させる叱る言葉かけをし、それ以外は肯定的に、やってほしい行動を表現した言葉かけを用いるようにします。

言葉かけへの配慮

① 「ちょっと待って」……子どもと毎日、関わる中で多くのことを教えられます。子どもは、なかなか言語を理解することは難しいのですが、だからと言って言葉かけを粗末にしてはならないと思います。言葉かけに配慮を加えることによって、親自身も子どもと関わる時に、すこやかな気持ちで接することができるのではないでしょうか。お母さん、子どもさんから何かを要求された時に、よく、「ちょっと待ってね」と待たせることがありませんか。そう言っておきながら、子どもさんに特に身辺自立において何かをさせる時に「はやくしなさい」と言ってせきたてませんか。

もしお母さんが、そんな場面をいつも経験しているのでしたら、子どもは言葉でうまく表現できないので、「ちょっと待って」と心の中で思っていることでしょう。ですから、お母さんは「はやくしなさい」という言葉かけはできるだけ避けましょう。どうしても急いでほしい時には、お母さん自身が余裕を持って子ども自身がやらなければならない事柄をやり終えなければならない一〇分ぐらい前に、子どもが取り組み始められるように設定するように心掛けましょう。

② お母さん、子どもさんがパンツの中にウンコやオシッコをしてしまった時に「〜ちゃん、ウンコしたらいかんでしょ」とおっしゃることがありませんか。この言葉かけでは「どこで」がぬけています。

「パンツの中で」を入れたらいいのですが、「〜したらいかんでしょ」も否定的な表現ですから、あまり、ふさわしくありません。もし「パンツの中で」をはぶいて言いますと、子どもにとっては生理的現象を止められてしまう表現となってしまい、重大事件となってしまいます。この場合は「トイレでウンコしようね」の肯定的な一言で十分です。

③ 大小の比較学習において、大きい太鼓と小さい太鼓を用意します。そして、皆さんによく知られている「大きなたいこ」の歌に合わせて、歌詞が大きなたいこの時に大きな太鼓を叩き、また、歌詞が小さなたいこになれば、小さな太鼓を叩くように子どもに促し、楽しく大小比較遊びをします。

この遊びの後に、大きい太鼓と小さい太鼓を並べて子どもに見せ、大きい方を指さして「大きい」と言う課題を与えるとします。この課題に対して、子どもは大きい方を指さしていますが「小さい」と答えてしまいました。この答えに対して大人が「小さいじゃないでしょ」と言ってしまうことがよくあります。子どもは自分自身で答えた「小さい」と大人の「小さいじゃないでしょ」の間違いの「小さい」という言葉を二度も聞いてしまいました。ですから、大人は間違ったことを繰り返して言うのでなく、一言「大きい」と正答を言ってあげるだけで十分なのです。

④　子どもが日頃食事中に、よく、お皿の中身をこぼすことがあり、食事の始まる時に、まだ、こぼしてもいないのに、お母さんが先回りに「こぼさないで食べなさい」と言うことがあります。つまり、子どもの以前の良くない行動を母親は気にしており、今日の夕食は、こぼさないでほしいという願望でありながらも予防策として、つい事前に忠告をしてしまうことが多いようです。

内容は違っても、このような言葉かけが他のことでもありそうです。私たち大人でも、あまり良い感じはしませんね。上手にこぼさないで食べている時に、おもいっきり「上手に食べておりこうね」とほめてあげるだけでいいのではないでしょうか。

⑤　子どもに言ってもわからないからと思って、これからの行動を話さないことがよくあります。たとえば、子どもがそろそろトイレに行く時間だからと、お母さんは何も言わずに子どもの手を引っ張って、トイレの前で初めて「おしっこしようね」と言ったとします。子どもは、どこへ行くのか不安になることだってあります。外出する時でも、事前に話されていなかったら、心の準備ができていませんから不安になることだってあり得るのです。私たち大人でも、何も言われずに手を引っ張られて連れられて行けば、きっと不安な感じに陥ることでしょう。

　このことは、母子分離が十分できていない子どものお母さんによくアドバイスすることですが、園で母親が子どもに「お母さんちょっと、おしっこ行ってくるわね」と、その場を離れて家まで帰られる母親がいるのです。まだ、言葉かけしてゆくから良いのですが、子どもに嘘をついてはいけません。子どもは、なかなか帰ってこないお母さんのことを思い不安でギャアギャア泣き続けます。子どもは非常に敏感で、よくわかっているのです。

　母子分離の時の言葉かけも、まえもってお話しておくことが大切であり、実際に別れる時にも、本当の事をはっきりと伝えることが必要です。子どもが母親と別れて辛い気持ちになるのは当然のことです。母親は子どもの辛い気持ちを共感しながらの言葉かけと、次には明るい展望のある言葉かけをしてあげれば、子どももしだいに理解を深め、落ち着いた状態で別れることができ、母親に会うのを楽しく待つことができるようになってきます。

言葉かけの配慮について述べてみましたが、なにがなんでも、やたらに言葉かけを豊富にしたら良いということではありません。感覚あそびの聴覚のところで前述しましたが、聞こえていても、子ども自身が言葉かけに対してインプットしてくれなければ、一方通行でコミュニケーションは成立したとは言えません。

言語心理学的技法にインリアル・アプローチというのがあります。この技法は子どもと関わる時に大人による言葉や行動が、いかに言語の発達に影響を及ぼしているかをビデオを通して研究してゆくものです。子どもは遊びの中で心身共に成長してゆくわけですが、子どもと関わる時に、子どもを大人のペースに誘導することが多く、子どもの気持ちを尊重することが疎かになりがちです。インリアル・アプローチの基本理念にSOUL（Silence Observation Understanding Listening）という言葉があります。それは、子どもの行動を静かに見守り観察することによって、子どもの気持ちを理解するように努め、子どもの言おうとしていることに耳を傾けて心から聞いてあげるということです。

まだ、表出言語のない子どもには、子どもに主導権を持たせてあげ、大人は子どものしている行動をそのまま真似したり、子どもの音声や喃語も真似してあげます。大人は子どもの言動を楽しく、さりげなく真似してみて、子どもの様子を見ながら、ちょっと真似をやめて反応を見てみます。

その事にふと気づいた子どもが、何か大人にサインをし、僕のしていることを真似してというしぐさが出たら、しめたものです。そこで、初めて子どもと大人とのコミュニケーションを成立させることができたことになり、やりとり遊びのきっかけが生まれるのです。

言葉が出始めた子どもに大人が心がけることとは、大人自身の行動や気持ちを言葉で子どもに伝えること。子どものしていることや考えたり思っていると思われることを、子どもに代わって大人が言葉で話しかけること。子どもの間違った表現を、せめることなく、さりげなく正しい言葉に大人自身が直して言ってあげ、子どもに伝えること。子どもの言葉に、てにをはの助詞などの文法的にも広がりを持てるように、意味的にもレパートリーが増えるように大人が環境設定をすること。大人が会話のモデルを常に示すこと等、これらのインリアル・アプローチは、子どもの発達の状況に合わせて大人が配慮しながら関わることが大切であると言っています。

そのことによって、コミュニケーションを進めてゆけば、次に紹介するようなことも改善しながら言語の発達を促してゆけるのではないでしょうか。それは、私が今までに体験した自閉傾向の子どもとのやりとりでの出来事です。

自閉傾向のある子どものC君は小石や砂を両手にいっぱいかき集めては、そこらじゅうにパラパラさせて遊ぶことが好きでした。C君はいつも靴のかかと部分をよく踏んづけて遊んでいます。テラスで石パラをしていた時に、C君に「くつをきれいにはきなさい」と声をかけますと、C君はちょうど近くに立てかけてあった、ほうきを持って、自分のちらかした小石などを一生懸命にきれいに掃きだしたのです。その時、私はC君が指示には従えなかったのですが、その行為に対しては褒めてあげました。

この例は、とても極端な例ですが、自閉傾向の子どもに、たまに見られることがあります。このことは語用論がうまく活用されていないのです。つまり、言葉の意図が伝達されず、意味理解が不十分となり、間違いではないけれど社会的通念からすれば、こっけいで、おかしな行動として見られてしまいます。

ここでいう語用論とは、たとえば、窓を閉め切った部屋で、窓の近くにいる人に向かって、「暑いね」と声をかけたとします。この「暑いね」という言葉には「暑いから窓を開けてください」という意味が込められています。つまり、要求の意図が言葉の中に隠されており、その場の状況を自然に判断して、声をかけられた人は窓を開けるわけです。しかし、このような言葉の意図を読み取る力の弱い子どももがいるのです。

表形言語について述べてみます。抱っこ法に筆談の技法もあり、言葉でうまく表現ができにくい時に活用されています。機能的に言語に障がいのある方には、ＶＯＣＡランゲージ・キーボードも開発されており、手に不随意運動のある人のために文字を的確に押せるように枠付きになっている物もあります。子どものおもちゃには、文字積み木、あいうえおスタンプ、タカラトミーの「おしゃべり・あいうえお」や「お絵かきせんせい」とひらがなシート、もしくは、ひらがなステンシルシート、パイロットの「水かきれんしゅうシートひらがなカタカナ」があります。鉛筆が持てるようになれば、水ペンを用いて文字の練習もできます。そして、ソニーの「トーキング・カードプレイヤー」などが人気があるようです。いずれの言語の練習に関する商品もメルカリ等で確認が必要です。

ＩＣＴ機器の進歩により、ＶＯＣＡを含めた意思伝達等、スマホやタブレットによるコミュニケーション支援ツール（言語訓練機器）には多様な領域分野のカテゴリーのアプリがあります。

ビジョントレーニング

言語認知学習には子どもたちが楽しみながらビジョントレーニングや間違い探しをしたり、少人数グループでお互いに協調性や規律性を身に付ける*カウントゲームを通して集中力を養う視機能訓練の発達支援があります。

限局性学習症（読字・書字障がい）の子どもの中には教師の書いた黒板の文字を自分のノートに書写することに困難を示す子どももいます。最近は授業にタブレットを活用して、正常な視野範囲で目から30㎝以内で学習の内容を集中して取り組めるように配慮されているところもあります。

ビジョントレーニングは、ひらがなと数字を覚えはじめた子どもに学習のレディネスとして行っています。この内容はＷＩＳＣ-Ⅳの発達検査に含まれる四項目（言語理解・知覚推理・ワーキングメモリー・処理速度）の基礎作りとも言えます。具体的なやり方は、77頁のように、上の格子上の「ひらがな」や「すうじ」を下の格子上の同じ位置に同じ色で正確に書き写します。これが子どもの行う課題となります。図には矢印（↓）で一部、解答例を示しています。

文字のビジョントレーニング

＊くだもの＝□りんご・☑くり・□もも・□みかん・□ばなな

み		も			り
	く			な	
		か			も
ん			り		な
ば		ご			ん

	く				
			り		

5つの果物の名前の文字を上枠の中から探し，下枠の同じ位置の枠内に同じ色で文字を書き写します。

※ただ同じ文字を写す（1文字1使用）のではなく，1つの果物の名称ごとに書写し，上の果物名の□に☑を入れて，次の果物名を探します。

数字のビジョントレーニング

＊1から12までのすうじ

6		1			8
			12		
	9			4	2
			10		
3	11		7	5	

		1			
					2

1から12までの数字を上枠の中から数字の順番に従って探し，下枠の同じ位置の枠内に同じ色で数字を書き写します。

＊カウントゲーム

拙著『歌を歌えば心がはずむ』（創風社出版）に掲載。

絵日記を書く習慣を

子どもに絵日記を書かせることをお勧めします。まだ、集団生活に参加していない乳児で言葉のない子どもには、子どもが疲れていない夕方近くに、母子で一緒に楽しくお話しながらするのです。たとえば、「Sくんとみずあそびをした」と大きなひらがな文字でマジックペンを用いて、ノートの上部に母親が子どもの目の前で書いて見せます。書く内容は「みずあそび」というテーマのみでもかまいません。あいている紙面には子どもになぐり描きでかまいませんから自由にマジックペンで描いてもらいます。このことを毎日するのです。ノートは全面白紙の物がいいです。また、スマホカメラでもあれば、一日に一枚子どもの遊びや生活場面を自然な形でスナップして、絵日記のもう一方の紙面に、子どもにお話しながら貼りつけて、母親が簡単にコメントを書いておくのです。

幼稚園・保育園や学校に行きだして、ぼちぼち単語が増えてきている子どもには、担任の書いている連絡帳を母親は参考にしながら、今日一日にあったことを、子どもとお話するのです。そして、たとえば、「ぼくはおもちゃのとりあいっこをしてないた」という具合に、子どもの手を保持しながら鉛筆を使って、ひらがなで一緒に書くのです。もちろん、子どもの発達の状況に合わせてです

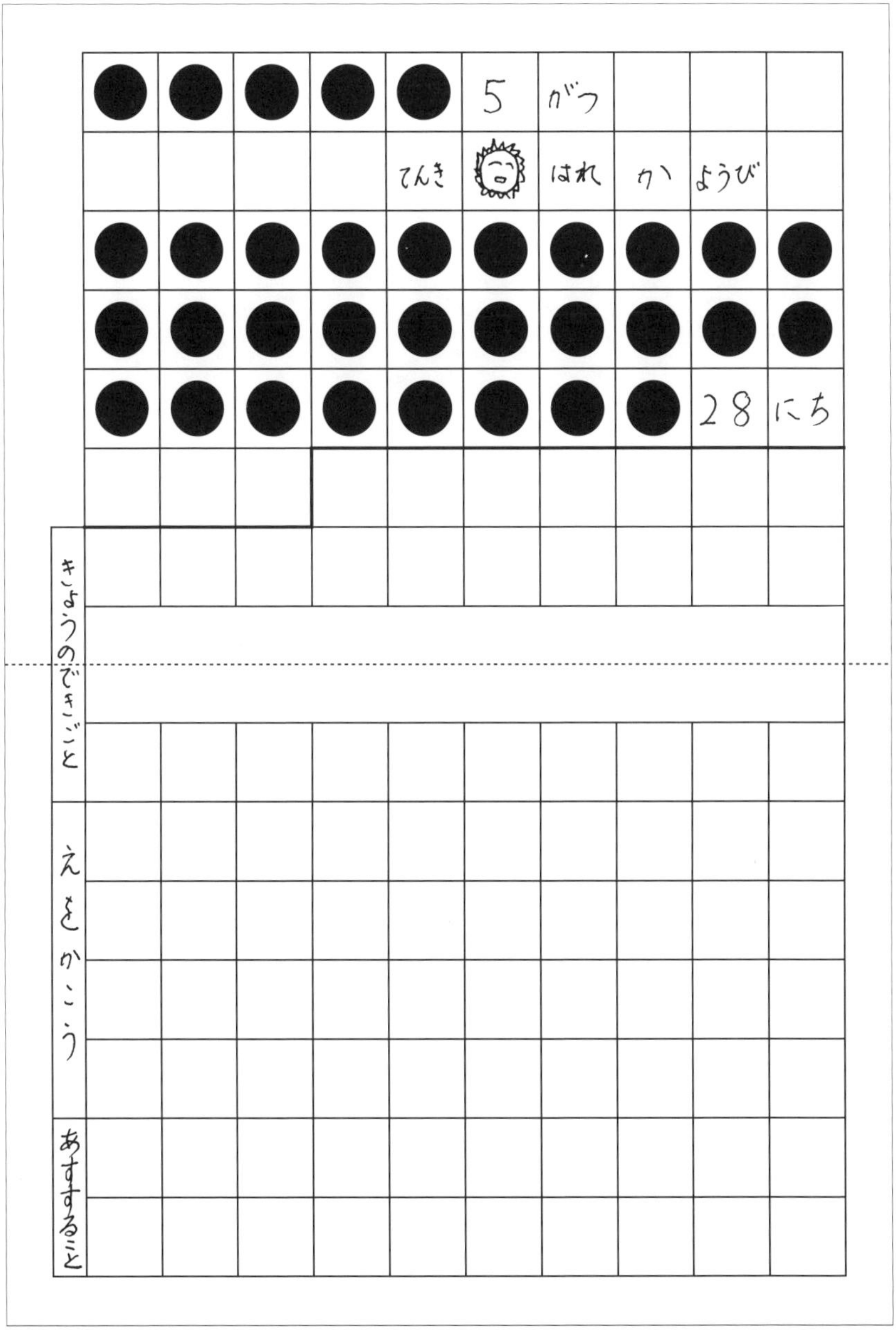
[redacted] 5 がつ
てんき はれ か ようび
[redacted] 28 にち
きょうのできごと
えをかこう
あすすること

えにっき

から、一語文から始めていいのです。ノートは国語の一〇枡ノートを横にして用いるといいでしょう。(79頁参照)

絵日記には月日も書くのですが、子どもに数の概念と指先の訓練も兼ねて、ノートの枡に入る大きさの赤丸シール(月日の枚数を貼る)と、お天気の晴れ、曇り、雨のシールも準備します。

ノートの月を書く所は一四枡にします。日を書く所は三三枡にします。そして、お天気コーナーも作ります。たとえば、五月二八日であれば、月の所の枡に五枚丸シールを貼り、その次の桝に子どもと一緒に「5」という数字と「がつ」を書きます。日も同じ要領で二八の枡に二八枚の丸シールを貼り、「28」という数字と「にち」を書きます。その下の欄に今日の出来事を書きます。下の隣のページには自由に絵が描けるスペースと明日することを書く欄を作っておきます。絵を描いたり、字を書くことは自分の気持ちを素直に表現することに必ずつながってゆきます。

絵本の読み語り

教育研究者の大田尭氏は「読み聞かせ」ではなく、「読み語り」と言います。それは「であい」「ふれあい」「育ちあい」の場面で絵本を読み語りすることで「関わること」につながると言います。

読み聞かせは大人のペースで上から目線で何か施しのように聞かせる感じで、ストーリーを最後まで読み続けるイメージがあります。しかし、読み語りは子どもに好きな絵本を選んでもらい、絵本のストーリーの世界に入り込みつつ、子どもの反応、目の輝きを見ながら、対話し関わりながら進めます。子どもも一緒に絵本のストーリーを楽しみ、子どもがその場面場面で感じる疑問、感想等の質問の言葉を受け止め、お話を共有し育ち合うのです。

乳児が初めて出会う絵本は字のない物で、人物が一ページに一つの物がふさわしいです。母親がこれらの絵本を数冊、まえもって選んでおき、子どもに「絵本をみようね」と誘い、子どもに好きな絵本を選ばせます。子どもが遊びに夢中になっている時に誘うのは避けて、子どもが特になにも取り組んでいない時にタイミングよく絵本に誘導します。

母親は子どもを膝の上に抱いて五分ぐらい、まずは絵の人物に関係のある歌を歌ってあげます。そして絵の内容がたとえば「象さんが水浴びをしている場面」であれば、母親が簡単に「象さんのお鼻はホースみたいね。水浴びをして、とても気持ち良さそうね」とお話を作ってあげます。また、そのお話を録音しておいて聞かせてあげる時があってもいいと思います。なぜ、作ったお話を録音するのかと言いますと、できるだけ、一貫した内容にすることが乳児期には必要だからです。

ちょっとしたストーリーのある絵本に興味を持ちかけた子どもにも、人物に関係ある歌を織り交ぜます。母親が話をアレンジして短く読んであげるのもいいです。なぜ、アレンジして良いのかと言いますと、絵本の最後まで集中できずに途中で飽きてしまう子どももいるからです。やはり、この時も、膝の上に抱いて子ども自身にページをめくらせてあげたり、いつも、子どものペースに合わせて楽しく対応してあげるのです。絵本の意図している通りに進めなくてもよいのです。そのことによって、子どもは想像したりし、思考力が身についてゆきます。

子どもに好きな絵本が出てきて、しばらくは同じ絵本を見たがることもありますが、おおいに歓迎して読んであげてください。

字のある絵本に興味を持ち出した子どもには、短い絵本から子どもに選んでもらいます。できるだけ、ストーリーに忠実に読んであげ、少々、飽きはじめたら、やはり、絵の人物に関係のある歌を歌ってあげて、おしまいにします。この場合もストーリーを母親の声で録音した物を聞きながら母親の膝に抱かれて（あるいは座って）一緒に絵本を見ることが大切です。

なぜ、ストーリーを録音するのかと言いますと、三つの理由があげられます。
1　字に興味を持ち始めたことにより、話の内容をあいまいにさせてはいけないこと。
2　録音再生のお話を聞けば、途中で中断しても、続きからお話を聞くことができること。
3　徐々に、お母さんがいなくても、自分で好きな時間に絵本が見ることができるようになり、大好きなお母さんの声を聞きながら、本を読む習慣が身につくようになること。
子どもがストーリーについて質問したら、適切にできるだけ単刀直入にお話して、楽しい雰囲気でひとときを過ごします。

絵本を絶対に文字の勉強に結びつけないで、切り離して考えましょう。むしろ、絵本は、親子のスキンシップも交えながら楽しく活用することが望ましいでしょう。

感情表現を豊かにするオノマトペの意味理解

子どもへの心理学的アプローチの取り組みとして、情緒を育む絵本の読み語りがあります。絵本の中には豊富にオノマトペの表現が含まれています。オノマトペには擬音語・擬態語、そして、擬情語があり、文法上では副詞の表現であり、コミュニケーションの会話でよく用いられています。オノマトペの表現の特徴には促音や拗音の含まれる物や二音の繰り返し表現が多くあります。

人は個々の感情や感覚を表現する時に、一人一人感じ方が違うことから、子どもの中には、相手の発言の意図に対して読み取ることに困難を示すこともあり得ます。発達支援においては子どもを抱っこしながら、読み手は読み聞かせではなく、オノマトペのところを表情豊かに感情を込めてジェスチャーも交えて読み語りに取り組みます。子どもは擬音語・擬態語・擬情語の意味を徐々に理解をし始め、コミュニケーション力を高めてゆきます。

擬音語の例：公園のシーソーに乗り「ギッコンバッタン」と言ったり、ぶらんこで「ゆらゆら」と揺れる等、音や実際に音は出ていなくても、そのような情景を強調する表現の言葉です。

擬態語の例：「ふっくら」とか、「あっさり」とか、「たっぷり入れて」などの動作や状態を表現します。人それぞれ価値観が違うため受け止め方が異なることもあります。

擬情語には感情（しぐさや表情）を豊かに表現する心理的な状態や変化を表すものがあります。「うきうき・わくわく」（喜び）、「むしゃくしゃ・いらいら」（怒り）、「びくびく・ぞぞっと」（恐怖）、「しょんぼり・めそめそ」（悲しみ）、「ずきずき・ちくちく」（痛みの感覚）などがあります。これらの擬態語や擬情語の表現に対して、神経発達症の子どもにとっては、どの程度のことを言うのか受け止めの加減の理解が難しいようです。これらのオノマトペは人それぞれ、感覚や価値観が異なることから、Aさんの「たっぷり」は器から溢れそうな状態を言い、Bさんの「たっぷり」は器の八分目を示す場合もあります。人によって、味覚の感じ方も違い、Bさんは「あっさりした味」と言いますがAさんは同じ物を食べているのに、「こってりした味」だと思う場合もあるのです。

オノマトペはお遊ぎの歌詞にも多く表現されていますので、楽しく歌うことで意味理解にもつながります。

幼児期のオノマトペを意味理解し活用する年齢に関する研究論文を神園幸郎氏が一九九二年に発表しています。オノマトペの構成音と聴覚的イメージが容易に子どもの脳に喚起され、意味理解の促進につながる研究です。この文献によりますと、擬音語から擬態語に広がり、高度になると擬情語の表現理解に進みます。年少〜年中の時期（三〜四歳頃）は擬音語：音声表出模倣＋実体験（動作・状態）→オノマトペの表出語を意味理解します。年中〜年長の時期（五〜六歳頃）は擬態語：大人のオノマトペモデル（歌・絵本の読み語り）→意味理解（感情・感覚）をし、徐々に擬情語にも広がり表出が増加します。

相手や周りの人の気持ちを受け止める力は感情（内的感覚）のオノマトペで絵本や歌、そして、日常生活の大人の働きかけ、つまり経験値に依拠しています。そのことを通して、幼児はオノマトペを知識としてある程度、脳内に蓄え、自己表現においてオノマトペを活用してコミュニケーションツールにしています。

大人の言うオノマトペの言葉を聞いて、四枚の絵カードの中から選択させる課題を行います。

例：「にこにこ」という言葉を聞き様々な表情の顔の絵から、子どもが笑顔の絵を選択できれば、この擬音語を理解していることになります。

オノマトペには情動を含む共感的コミュニケーション、気持ちの共有、リズムの面白さがあり、対人関係の基礎を育む要素があります。

◎紙の言葉遊び―古い窓口封筒を切り開いて使用―

紙が一枚ありました。

「ふっと」（小さい声で） 風が 軽く 吹き

紙は 「ひらひら」 揺れてます

風が 「びゅーと」（大きな声で） 強く 吹き

紙は 「ぱたぱた」 揺れてます

紙に 唇くっつけて キス キス 「ちゅっちゅっ」 くすぐったい（ビニール部分に唇触れる）

紙に　唇くっつけて　「ブルブル　ブーブー」　ドライブだ（ビニール部分に唇触れる）
紙は　「びりびり」　破れます
紙は　怒って　「むしゃくしゃ　むしゃくしゃ」
紙が　「くしゃ　くしゃ」　音立てて　「しわくちゃ」になっちゃった
紙を　丸めて　ごみ箱に　「ぽいっと」　投げます　入ちゃった

マスク装着による言葉と情緒の発達への影響

感染症対策よって、コミュニケーション機能において対人関係のやりとりがうまくゆかない子どもには触覚過敏よるマスクの装着が困難であったり、視線が合わせにくいことで一層、マスクによって相手の表情を読み取ることが難しい環境を強いられています。これらの課題は言語獲得や情緒の発達過程の段階に多大な影響も危惧されています。今後の研究データの結果を踏まえて発達支援における支援者には透明マスクの装着等の工夫と改善が求められています。

保育園で乳児がマスク装着の先生の顔に慣れ親しみ、マスクを外した顔は全く別人として認識して混乱に陥ったとあります。認知習得が困難な子どもにはマスクの有無によって視覚の記憶機能に支障をきたし、情緒面において不安感を与えてしまうことがあります。

6　食　事

食事とは車にガソリン燃料を入れると動き、運転がスムーズにでき、目的地まで行くことができるのと同じだと思います。食べることも含め、人は活動を許されていますから、食事は健康のバロメーターとなります。活動の指令をくだす脳にも食事の摂取内容によって、大きな影響を与えています。

人は誕生後にミルクを吸い、飲み込むことから栄養を摂取し始めます。六〜八カ月頃には噛むことを覚えます。しだいにヨダレも少なくなり味わいを深めます。

コドモの発達において、いかに食事が大きなウエートを占めているのかを考えてみたいと思います。食事に関して、どのような機能があるのか、五つの機能をあげてみます。

◎摂食機能＝離乳食の時期をコドモの発達段階に応じて行う。えん下（飲み込む）そしゃく（噛む）がうまくできているか。

◎感覚機能＝いわゆる人の五感機能（触覚・視覚・聴覚・味覚・嗅覚）の発達が順調に形成され

ているか。

◎生理的機能＝乳幼児はコミュニケーション機能が未熟なために、意思伝達が不十分になりがちでコドモの空腹感や満腹感が理解できているか。アレルギー体質や便秘・下痢などの生理的に受けつけられない状況が把握できているか。

◎心理的機能＝母子関係・食事時の対応がうまくできているか。弟や妹の誕生による情緒面には問題はないか。

◎栄養的機能＝年齢及び身長・体重に応じたエネルギー所要量を十分に取り入れているか。人の行動、つまり脳の活性化は食事の摂取内容（栄養素）が影響している。

このように、五つの機能が絡みあっているのです。これらの機能があることを、母親は留意しながら、子どもと楽しく食事をすることが大切です。

では、具体的に一つ一つの機能について述べてみます。

摂食機能

口に取り込んだ食物を、どのようにして上手に機能を働かせて、おいしく楽しく食べることができるかという事が基本になります。口腔の発達は一定の順序に従っています。乳児の唇での吸引する力は、胎児期に羊水を補給していた時よりも、授乳によって増してきています。そして、顔の表情を作る筋肉にも刺激を与えているのです。授乳の吸引が上手になるにしたがい、えん下によって、重力で胃に流し落とします。三カ月の乳児は舌を前後に動かせるようになります。

乳児はスムーズに唇が動くようになると、唇を閉じてごっくんと圧力をかけることができ、今までは飲みこぼしてヨダレになっていた物が減り、えん下が上手になります。舌を口腔の天井にあてられるようになると、舌を左右に動かすことも無理なくでき、食べられるようになります。

食べ物の持っている本来のおいしい味を引き出すには、そしゃくがうまくできなければなりません。つまり、噛むことによって、食べ物を上手につぶして、すりつぶしながら唾液に混ざるとおいしさが味わえるのです。

口を動かして唾液を分泌させて、ゆっくりと食べると胃液や消化液が分泌されて、消化吸収しやすくなります。そのことによって、おいしく食べたという満足感が得られます。噛むことは脳の働きを活性化させることにつながっています。たとえば、眠気覚ましにガムを噛むと視力が回復されることは、よく知られています。視力がしっかりすると集中力が保持されるので、脳に記憶しやすい環境におかれていることになります。

噛むことの大切さを述べましたが、今の食環境は飽食の時代を反映し、それほど噛まなくてもよい食品が増えています。あえて、噛む練習をするのならば、するめ、こんにゃく、かむぞうゼリー、歯がためビスケット等があります。

ペンフィールドの脳の新皮質における運動野の配置図を見ますと、口腔及びそしゃくに関する領人の脳の働きにおいて，大きな影響を及ぼす感覚受容機能の最も重要な位置を占める物から大きく描かれている。

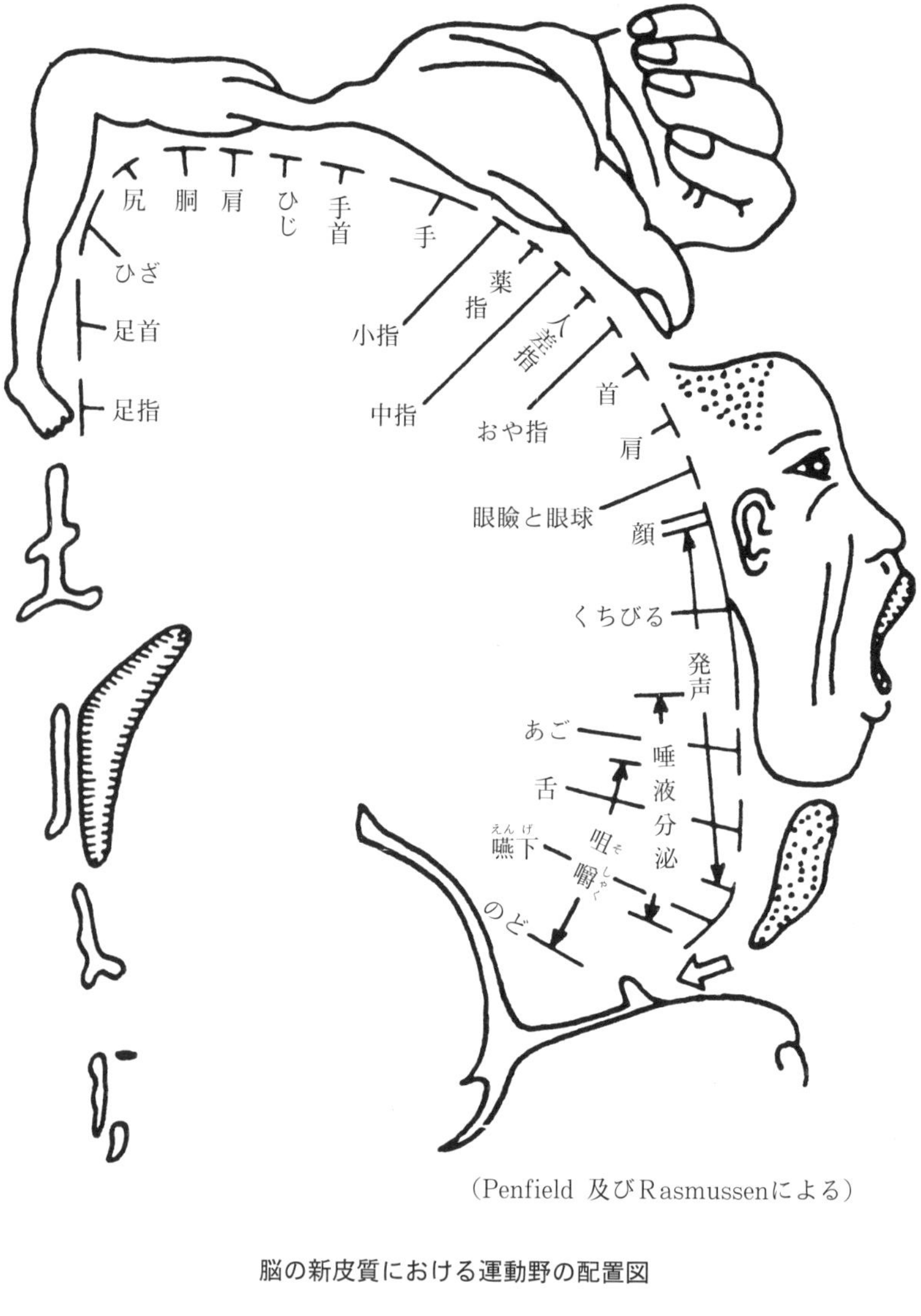

（Penfield 及びRasmussenによる）

脳の新皮質における運動野の配置図

域の運動野は手指の領域に次いで占める割合が多く、しかも脳血流もより多く得られることが推察されます。（90頁参照）

感覚機能

母親の胎内にいる胎児は羊水を自分の生きるための栄養素として吸い取り、成長しながら人として誕生する準備をしているのです。もし、母親が妊娠に気づかずに、酒を飲んだり、タバコを吸っていたとします。羊水は濁り、味もおいしくありません。その母親から誕生した子どもは、偏食が激しくほとんどの食物を受け付けず、発達の遅れが現れたという研究もあります。食事において、最も関係のある味覚は胎児の時から、すでに発達し続けているのです。

子どもはまず、おなかがすいたときに台所から、いいにおい（嗅覚）に誘われて、おなかがグーグーといい、次に目で見て（視覚）おいしそうだなと感じ、そして、手づかみで触って（触覚）感触を楽しみ、それと同時にお母さんが「おいしいにんじんね」と声かけをするのを聞き（聴覚）、口に入れて味わい（味覚）、そして、この人参は、おいしいものだなと感じます。常に声かけをして楽しく食事をすることが食欲をそそります。

このように、人は五感を用いて食べなければ、食事が単なる餌として食べていることになってしまいます。

赤ちゃんの時に、耳で聞いたり、目で見た物に手を伸ばし、触って口に入れて味わい探索する時期があります。その時期を口唇期と言います。赤ちゃんはまずミルクを吸い、そして飲み込み、六～八カ月にかけて噛むことを身につけるようになります。口唇期を経ている子どもは食べられないことはないと思います。口唇期にある子どもは感覚受容期でもあります。口に入れるあらゆる物には刺激があり、その物が外界の環境との関連を含めて、子ども自身が、これは食べられる物か食べられない物かを区別してゆく時期が口唇期なのです。つまり、おいしい味と感じることを認知してゆくのです。

現在、口唇期の段階の子どもや、まだ、そこまでいっていない子どもは、食べ物でも口に入れられることを非常に嫌がったり、口の中の皮膚接触に敏感で吐いてしまう子どもがいます。自閉傾向のある子どもに特に偏食が多いのは発達段階がこの感覚受容期に留まっており、感覚統合的な訓練も兼ね合わせて食事指導をすることが重要となってきます。

食べることに関して、摂食中枢、満腹中枢、空腹中枢という生命脳があると言われています。体内の血液中の糖分（ブドウ糖）が減少してくると摂食中枢に働きかけがあり、「おなかがすいた」という指令が出されます。脳幹の外側の大脳辺縁系は食欲をそそる部分であり、人の生命維持をするために空腹感を感じとり、食べたいという気持ちに誘います。人の大脳皮質の外側は、おいしく楽しく、創造的に食べることを促す役割を果たしているのです。

(1) 味覚の働き

食べる感覚では、味覚が一番、重要視されますので、味覚について述べてみます。

味覚認知とは味を判別できることを言います。この味覚認知が発達しているのかどうかは、うま味、甘味、辛味、酸味、苦味を感じる舌の全域と、特に味を敏感に判別する上顎奥にある乳頭の中の味蕾《みらい》が正常に働いているかによります。

しかし、最近、味覚異常のある子どもが増えてきていると言われています。それは、味覚認知に達する前段階に検知という領域があることが発見されて、この味覚検知に問題が生じてきているようです。

耳鼻咽喉科専門医の三好彰氏の研究によると、中枢神経に含まれる味覚神経が大脳皮質に行き、脳の視床を通る所に疾患のある人を検査した結果、味覚にも検知領域があることを発見しました。味覚検知とは、味のあることが分かることを意味します。

自閉傾向の子どもに異食（食べられない物を食べてしまう）を見かけます。この異食は味覚検知が十分に発達していない面と情緒に問題があるのではないかと考えられます。また、味覚検知機能を鈍らせるのは偏食や服薬や食品添加物等が原因でもあるのです。

自閉傾向で偏食のある子どもは、味覚検知が十分でないから偏食になるのか、それとも、偏食があるから味覚検知に支障をきたしているのか、その因果関係がはっきりしません。味覚障がいの原因は、微量金属の亜鉛が偏食で摂取されなかったり、薬の作用によって多量に排せつされるからです。

この味覚は生命力に関わる感覚でもあり、味覚障がいが生じると情緒的に不安定になったりします。自閉傾向が最も顕著で内向し、家族の者に対しても拒否することが強く現れる子どももいます。

正常な味覚を保持するには、食事で亜鉛を摂取することが大切であり、幼児は一日に五ミリグラム必要です。亜鉛を含む食品には、魚貝類、海藻、レバー、しいたけ、卵黄、ごま、きな粉などがあげられます。英国の研究では、胎児期にすでに味覚機能が、母親の羊水を吸収することで獲得されていることが実証されています。

現在の日本における食事情は乳幼児期から、それほど噛まなくてもよい食品が増えています。柔らかな食べ物を与え続けると唾液の出る量が少なくなって食べ物を飲み込めなくなり、味を感じなくなったり、味覚の発達も悪く、そして、よけいに噛まなくなるという悪循環に陥ることがあります。

食事に関する感覚機能について述べてきましたが、この飽食の時代に空腹感を知らない食意識の乏しい子どもが増えてきていることに問題を感じます。

生理的機能

母親は子どもの食事に関して、決して神経質になる必要はありません。しかし、子どもの健康のバロメーターとして食事における食欲（食べる量）と、排便・尿の状況を常に気をつけてあげることが大切です。また、アレルギー体質が生じた時には、どの部分に起こるのかを詳細にメモし、データを作ります。そして、子どもに合う良い主治医を見つけて薬もしくは食事療法によって、無理のない体質改善をしてゆければいいと思います。また、母親は子どもに体力をつけてゆくための環境づくりへの配慮をしてあげるとよいでしょう。

子どもが保育園などの集団生活を始めたら、給食のある所ならば、必ず、担任に子どもの食事に関することはしっかり話して、知ってもらうことが大切です。たとえば、「うちの子は体が小さいため食が細いので、食べる量は少なくしてください」「アレルギーで牛乳を受け付けない体質です」など、事前に理解してもらっていれば、無理に食べさせられることはないでしょう。

心理的機能――食事の在り方とマナー

食事には行儀よく食べてもらうためのしつけも乳幼児には欠かせません。しかし、子どもが食べるたびに母親に口やかましく小言を言われると、消化液の分泌も悪くなるし、楽しいはずの食事がいっぺんにいやな気分にさせてしまいます。

乳児の段階では、まずは手づかみでもいいから自分で食べられるようになることに心を向けてあげてください。きっと、こぼしまわり、テーブルのあたりは汚れるでしょう。（お母さんも小さい子どもの頃は自分の子どものように、こぼしまわった経験をしているのです。母親はゆったりした気持ちで楽しく食事を過ごすように心掛けましょう。子どもは手づかみの方が、早く食べられ、沢山食べられることを心得ているのです。）

母親は子どもの手は常に清潔にしてあげる必要があります。食事中に時々、濡れタオルで子どもの手をきれいに拭いてあげてください。そうしますと、しだいに、子どもは手づかみで食べていると、手がべたべたして気持ち悪いことがわかってきます。また、スープ類など、手で触ると熱い物はスプーンを使ったら熱くないので、早く食べられることもわかってきます。

子どもがスプーンに興味を持ち出すまでは、無理にスプーンを持たせるのでなく、大人が日頃、スプーンを用いて子どもの口に入れてあげる習慣をつけておきます。そのことによって、子どもはスプーンの感触が身についてゆきます。家族の者も子どもの前でスプーンを使って食べるモデルを自然な形で見せてあげるのです。

食事で問題のある子どもには、環境の不一致というのが必ずあります。それは、食環境と子どもの発達の程度に不一致があるのです。食べることが嫌になってしまう子どもの中には、スプーンに興味がない段階なのに無理に持たせたり、また、早く離乳食を与えたり、固い物や子どもの口に合わない大きい物を与えるなどがあげられます。このように、食事の介助の仕方と調理内容によって子どもの食事は楽しくもなり、また、苦痛にもなりかねないのです。

母親が忙しくて、子どもが一人だけで淋しく食べていたり、早く食べなさいとせっつかれて、やっとのことで食べている子どももいます。ついつい、おとなのペースでの食環境におかれていることが、しばしば見られます。

乳児は言葉でうまく表現しないので、おなかがいっぱいなのか、それとも、遊びたいのか、はっきりしない時があります。そんな時は、一旦、ごちそうさまにして、気分転換をさせ、だらだら食べは避けたほうがいいでしょう。そして、おやつも含めての食事の間隔は、およそ三時間ぐらいにして、一日四回食にする方法もあります。

おやつのお菓子だったら、よく食べるのに、食事の時にごはんやおかずをほとんど食べない子どもがいます。一日四回食では、お菓子はデザートとして、つまり、ごはんとおかずを頑張って食べたごほうびとして、少量を与えてあげるとよいでしょう。

子どもの食事には調理内容をはじめとし、しつけ、摂取方法に対する関わり方に配慮が大切なことがわかってもらえたと思います。また、弟や妹の誕生により、親にあまりかまってもらえず、ショックで食べなくなったり、逆に過食気味になるといった具合に、子どもの情緒面（心理）が食事に影響を及ぼすことがあります。

(1)　偏食について

好き嫌いのまったくない人もいますが、あまりにも偏った食事を乳幼児期から続けているとアンバランスな心身の成長になります。

親の好き嫌いも子どもに影響することがあります。ある程度は体内で調整され栄養のバランスは保護されますが……。

偏食とは、食物に対する一、二品の好き嫌いではなく、字のごとく偏っており、好き嫌いが激しく、栄養素の確保もままならぬ状態で心身の発達に影響を与えることを言います。偏食には、外界の環境設定が非常に大きなウエートを占めます。そこで、子どもの五感の働きがスムーズにゆくように関わることがポイントになります。

なぜ、子どもに偏食があるのか。原因をまず考えてから、偏食矯正に取り組まないと、大きな落とし穴がありますから、気をつけなければなりません。偏食を単なる子どものわがままととらえることには問題があります。あえて言うのならば、生理的機能及び感覚障害の原因以外は、汚染されている日本の食環境に対して、どれだけの関心を示しながら、子どもにより良い食品をバランス良く提供してあげることが、母親にできるのかということになります。ですから、偏食の原因が親にあることもあり得るのです。

乳幼児期と大人とでは味に対する嗜好の違いがあります。その点に留意して、食事を作り、味つけも薄味にすることが大切です。単なる好き嫌いの場合は、成長して大人になれば平気で食べられる嗜好の変化が見られるのです。

偏食矯正を行うには、母子の愛着形成が築かれていることが前提となります。しかし、愛着形成が十分でない場合は、改善しながら進めてゆけばいいのです。まずは、子どもが安心した状態で楽

しい雰囲気のもとでの食事時間を持つ事ができるように配慮します。偏食をなくすには、家庭ですることが基本です。「お母さんだから、できるんです」と自信を持つことが大切です。大好きなお母さんが自分のことを真剣に思ってくれていることが、子どもには伝わりやすいのです。

(2) 偏食矯正について

では、具体的にどのように偏食矯正をしていったらよいか方法を述べてみます。

一つのメニューの味の付いている具を五品ぐらい、大人の親指サイズにした物をまえもって小皿に入れておきます。たとえば、カレーライスであるならば、人参、たまねぎ、じゃが芋、肉、ご飯を入れておきます。すべての具を子どもの苦手な物にしてはいけません。子どもに五品のうちから、まず、頑張って食べる物を一品だけ選んでもらいます。そして、たまねぎならば、お母さんが子どもの前で「おいしいたまねぎよ」と言って食べるモデルを示してあげるといいでしょう。

一種類の具のみで頑張る場合は五回試みましょう。徐々に頑張ることができるように、種類を増やし、五種類の具になれば、一種類の具につき三回の試みでいいと思います。

子どもに食べてもらう量は爪先程度の大きさから始めます。そして、お母さんの指につまんで、子どもの口に入れてあげます。まずは、唇に触れただけで良しとし、おもいっきり褒めて、頬ずりをしたり、頭をなでてあげます。また、子どもの好きな食品で栄養価のある物を子どもの小指サイズにしてごほうびとして、やはり、お母さんの指でつまんで、子どもの口に直接入れてあげます。

五種類ほどの物が唇で触れるのができるようになったら、舌に触れる、なめるという順に進めてゆきます。これらの時は口から出しても良しとします。次には、飲み込むこと。そして、噛むことになるわけですが、飲み込むことと噛んで食べることは、子ども自身の意志ですることです。ですから、なめるところまでスムーズに進んだとしても、ここから偏食を治すのに一苦労がいります。ここで諦めず、子どもに愛情を注いで最善を尽くしてほしいのです。

子どもに飲み込んでほしいがために、子どもの好きな飲み物で流し込もうとする人がいますが、それは絶対にやめてください。最終的に噛むことによって、食物一品に味のあることをわかってもらわなければ、子ども自身も食べたという満足感は得られないし、単なる栄養補給に過ぎなくなるからです。

お母さんが子どもに食べてほしいことを子どもを縦抱きにしてお話をします。「~をたべたらね、~ちゃんの体が元気になってアンパンマンみたいに強くなって楽しいことがいっぱいになるよ」と子どもを励まします。子どもにとっては、とても嫌なことで辛いのですが、お母さんが心から応援している姿勢で、明るい展望を示せば、必ず、大好きなお母さんが言うことだからと、子どもは頑張ってみようという気になります。

言葉ではこのように簡単に言えますが、タイミングをとらえることが要求されます。しっかり子どもを保持して、やりとりをしますが、お母さんの言葉かけに対して、どんな子どもでも、よくわかっているのです。(ただ、言葉で表現できなくても。また、反応の仕方がわからなくても)子どもが頑張って食べてみようという気になった時には一瞬ですが、体の緊張がほぐれ、弛緩し、口を開いてくれるのです。

たとえば、たまねぎのぬるぬるした舌触りが、子どもにとって嫌なのだということをお母さんが察したら、「たまねぎがぬるぬるして~ちゃんは気持ちが悪いのね」と子どもの気持ちに共感し受けとめてあげるのです。きっと、子どもは甘えて抱かれている時とは違って、お母さんでさえ、体が緊張していると感じるでしょう。お母さんは、たとえ子どもがもがいて暴れて泣いたとしてもたじろがず、しっかり子どもを抱き保持しなければなりません。そんな状況ですから、なおさら、口の周りも緊張があり、口を堅く閉ざしているでしょう。お母さんは絶対に感情に走って途中で、子どもを怒ったり、こんなに激しく泣いて、かわいそうだからといって抱っこをやめてはいけません。

なんでも食べる子（作詞・曲　松田ちから）

おや さ い た べる こ げ ん き な こ　おなかが お い しい っ て わ ら っ て る

おやさいたべるこ　げんきなこ　おなかが「おいしい」ってわらってる
おにくをたべるこ　げんきなこ　もりもりちからがわいてくる
なんでもたべるこ　げんきなこ　おそとでおもいっきり　あそべるよ

途中で抱っこによる保持をやめて諦めてしまうと、子どもが口に出さなくても「お母さんは嘘つき」というレッテルを貼られたことになります。子どもにとっては結局、辛い気持ちを体験したことになり、ますます食べることが嫌になり、お母さんの作った食事を食べなくなることにもなります。ですから、偏食を治してあげるのは、親子の真剣勝負となるわけです。

このように偏食を治すためには、深層心理の抱っこ法や行動療法の心理技法を用いながら、進めてゆくことが大切です。子どもたちの好き嫌いをなくすために作った、「なんでも食べる子」の歌に、たとえば、ピーマンが苦手な場合には「ピーマンたべるこ　げんきなこ〜」で励まし応援します。子どもの好きなメニュー名も歌詞に入れて楽しい食事時間へと誘導しましょう。

(3) 回避・制限性食物摂取症（ARFID）が神経発達症の小児期に増加傾向

この症状には三つの特徴があります。辛い体験が要因で食べることを拒否、食べることに無関心、そして、食物を感覚で限定的に受け付けないです。食物摂取の制限や回避をすることが六歳以下の子どもからも見られます。

コロナ感染対策で給食時に衛生面において敏感になり、食べることで気持ち悪くなり吐くのではないか、また、他児の吐いている場面を見てしまい、自分もご飯を食べたら、吐くかもしれないという予期不安にかられて食べるのを拒否するケースもあります。メニューによっては、触覚をはじめとした他の感覚過敏が問題になることもあります。また、偏食矯正などの辛い体験がフラッシュバックし、えずいて食べられないこともあります。心理的要因が強く、一つの例として母親に一番甘えたい時期に弟妹の誕生で心の準備もされないまま断乳という心の奥底に残っている辛さから食に拒否反応を示す子どももいます。食事時における家庭での対応についてですが、栄養のバランスを考慮したメニューにします。そして、偏食があっても無理強いをせず、家族で楽しく食べることに心がけることが大切です。

摂食障害に関する絵本に『みずいろのこびん』（わだことみ作、岩崎書店）があります。

栄養的機能

乳幼児は栄養のある食物を通して、成人とは違った代謝を営みながら、成長発達してゆく原動力としているのです。一歳代は食べ物の好き嫌いが目立ちだす時期と言われています。ですから、栄養学的に必要な物が本当に摂取されているのかを知るために、一日の食生活をメモすることが大切

乳幼児身体発育調査（2010年）

		1歳	2歳	3歳	4歳	5歳	6歳
身長（cm）	男	74.9	86.7	95.1	102.0	108.2	114.9
	女	73.3	85.4	93.9	100.9	107.3	113.7
体重（kg）	男	9.28	12.03	14.10	15.99	17.88	20.05
	女	8.71	11.39	13.59	15.65	17.64	19.66

厚生労働省・雇用均等・児童家庭局「乳幼児身体発育調査報告書」より

です。そして、結果的に身体の発育につなげてゆくことが具体的に把握できる方法だと思います。

次に、日本調理師学校連盟から出版されている「栄養学」から二つの判定法を紹介し、引用します。乳幼児が十分な栄養素を摂取しているかを把握するための主観的及び客観的判定法があります。

主観的判定法は乳幼児の血色、皮膚のつや、はり（緊張度が良く、適度の皮下脂肪沈着がある。筋肉も発達よく弾力性があって、骨格もしっかりしており、年齢相当の運動量をこなしている）排尿・排便も正常であり、快眠・快食で情緒も安定している等を調べます。

客観的判定法は家庭で体重・身長の計測器（子どもに楽しく誘導できる動物の絵付きの物があります）を用意され、お風呂の時を利用し月に一回定期的に測ってみる方法があります。乳幼児身体発育調査の表を参考にされるといいでしょう。

(1) 人の行動に影響する栄養素

脳の重量は体重のわずか二%なのに、エネルギー消費量は体全体の十八%を占めているということです。脳を活性化するエネルギー源はブドウ糖ですが、人にとって一日の必要量は一二〇グラムと言われています。脳の活性化にはタンパク質も重要であり、緊張感をほぐすためにストレスを解消させる役目をタンパク質の要素は果たしてくれます。記憶の形成にはなくてはならぬ重要な神経伝達物質にアセチルコリンがあります。

神経伝達物質に円滑に働いてもらうためには、次にあげる各種の栄養素を食事に取り入れるように心がけましょう。

各種のビタミン摂取も脳の働きを高めます。ですから、バランスよくビタミン類を取り入れないと障がいの発生率が増えます。そのことからも、偏食は極力避けなければなりません。もし、ビタミン類が欠乏すると、落ち着きがなくなり、不安感が生じ、乱暴になったり、情緒が安定せず集中力が乏しくなり、記憶や思考する力が鈍ります。

カルシウムは神経情報のスムーズな伝達を助ける要素を含んでおり、神経細胞の情報の疎通を良くし、脳の活性化に貢献しているのです。

鉄分は幼児には不可欠です。血中のヘモグロビン濃度が欠乏すると著しく注意力が散漫になることがあります。また、乳児期に鉄分を十分に摂取しないと、学童期に入って運動機能が低下することもあります。このように、栄養素は心身共に成長の基礎を作る乳幼児期にはおろそかにすることはできないのです。

まして、胎児期における栄養が、母親の栄養状態が胎児の知能に大きな影響を及ぼすことは言うまでもありません。ですから、妊婦が極端な食事制限や偏食をするのは胎児にとって望ましくないのです。

今の日本の食品事情は最悪な状態です。調理研究家の丸元淑生氏は食品添加物の恐ろしさを指摘しています。見た目を良くするために食品に人工着色料をつけたり、自然の味を大切にせずに人工香味料をつけてしまい、そのことによって企業は商品価値を上げ、消費者は仕方なく買わされているのが現状ではないでしょうか。じわじわと人の健康は蝕《むしば》まれる方向に向かっているのです。

丸元氏は『いま、家庭料理をとりもどすには』という本の中で、O・P・バーキット医博とのインタビューを紹介しています。それは、食物において、WよりBを選択するように進めています。Wはホワイト（白）とワースト（悪いの最上級）の頭文字です。一方、Bはブラウン（茶色）とベスト（良いの最上級）の頭文字です。具体的に言いますと、何を言おうとしているのか説明しますと、自然の良さを大切にせよ、ということです。「お米も砂糖も精製せずに玄米や三温糖のように茶色の物が最も良い食物ですよ」と、自然の農作物に人が手を加える必要がないことを提唱されています。また、小麦粉を精製する際に種皮の粉砕物が残ります。それを、ふすまと言います。英語では偶然にも“bran”と言い、日本ではほとんどが家畜飼料に使われる物ですが、人にとっても食物繊維が豊富に入っているため体に良いのです。

糖分はできるだけ、果物に含まれている果糖が良いと言われています。だからと言って天然果汁ジュースをたくさん飲んでも良いということではありません。これらのジュースには、精製された砂糖とブドウ糖も一緒に混入している物もあります。だいたい一缶あたり平均して二〇~三〇グラムの糖分が入っており、普通サイズのスプーン四杯に相当します。その他にジュース等には、人工の着色料や香味料も入っていますし、缶の成分の毒素が微量に溶けて、混入してしまうと聞きますから、人体に良いはずがありません。

日本人は一年間に一人当たり平均一五〇~二〇〇缶近く糖分のたっぷり入った炭酸飲料・ジュース等を飲んでいるということです。このようなことを続けていたら、様々な弊害が生じてきます。

ペットボトルの飲料商品が大量に販売されていますが、製造時にはアンチモンという化学物質が使用されています。この材質は飲料に微量に溶けるリスクがあり、発がん性も生じるとも言われています。今、世界中で問題となっている海洋汚染も不法投棄されたペットボトル等によって、マイクロプラスチック化し、私たちが食べる魚介類に悪影響を及ぼしています。

ここではあまり詳しく述べませんが、子どもの体は、まず、血の循環が悪くなり、便秘がちになります。そのことによって、いらいらしたりして落ち着きがなくなる場合があります。

(2) アレルギーが脳に現れる子ども

食べ物が人の行動にどのような影響を与えているのかを、いくつかの症例をあげて、具体的に述べてみます。人の行動は脳の指令によってなされます。そして脳が働く時には、食物をエネルギー源としているわけです。私たちが風邪をひいて、薬を飲み休養しますと体調が回復するのと同じように、食物を食べることは体の動きに重要な働きをしているのです。ですから、人は脳のためにも、良い物を食べることが必要です。乳幼児の心身の発達がめざましい時期に、親は子どものために、特により良い食物への配慮をしなければなりません。

食物によるアレルギー体質の子どもがいますが、子どもによって、その原因となる物が違います。また、そのアレルギー症状が体のどの部分に現れるかも様々です。皮膚に出るじんま疹、気管支に出るぜんそくがあり、目に見えたり、耳で聞こえる範囲であれば、処方しやすいのですが、脳に典型的なアレルギー兆候症状が見られるデータが最近の子どもに増えてきています。

(3) ＡＤＨＤ（注意欠如多動症）とＬＤ（学習症）

ＡＤＨＤの子どもは大脳皮質の抑制の欠如によりイライラが生じ、活動が激しくなり落ち着きがなくなります。また、間脳における知覚のインパルスの処理障害により、多数の情報に反応しすぎてしまうことが解明されています。

ＬＤの子どもには「聞く、話す、読む、書く、計算する、推論する」という学習に欠かすことのできない要素が充分に脳内でうまく機能をしない障がいがあります。

では、ＡＤＨＤの子どもにはどのような症状があるのでしょうか。集中力が乏しく落ち着きがない。発達検査の結果ではほぼ年齢相当であり、発達指数はさほどの遅れは見られない。対人関係ではマイペースのところはあるが、コミュニケーションは充分にとれる。すぐにイライラして順番が待てなかったり、物の取り合いなどの喧嘩になると、とても、しつこいところが見られる。自分にとって気にいらないことがあると暴れて混乱し、自分自身をコントロールし抑制しにくいことがある等があります。

二歳代には好奇心により、いろいろな事物に関心を示す探索期があり、そのことによって落ち着きのなさが見られる子どももいます。しかし、三歳から四歳を過ぎても落ち着きがなく、その場の状況判断が難しく聞き分けのない行動に走りがちで落ち着きがあまりにもない時には、単なる子育て環境によるものか、あるいは脳の機能不全によるものなのかを専門の医師に相談されることをお勧めします。これから、どのような関わり方をしたら良いのかと指導を仰ぐことも必要と思われます。

ＬＤの子どもの診断は乳幼児期には診断しにくく、早くても年長児や小学校に入ってからでないと把握できません。学童になると、国語においては五十音の中で似ている文字で「あ」と「め」や「は」と「ほ」などを間違えてしまうことがあります。算数においては足し算の計算で、たとえば、17＋3＝20であるのに位を間違えて答えが47になるような誤りをしばしばしてしまう等の症状があげられます。その他にも学習面において多くの困難を抱えていますが、紙面の関係上、簡単に述べました。

どうして、このような症状が出てしまうのでしょうか。それは食事において摂取した食物が脳の働きに影響を与えているという考え方があります。小児科医でアレルギー専門の故Ｂ・Ｆ・ファインゴールドは臨床から、食品の人工添加物によって、脳に典型的なアレルギー兆候が起こっている子どもが増えていると指摘しています。この衝撃的なレポートを私たちは深刻に受けとめなければなりません。

食品の人工添加物には、着色料・香味料があります。着色料では赤色が一番危険とされています。香味料は化学調味料のため、自然界の物質ではありませんから、人の体を蝕むと言っても過言ではありません。味の濃い物で、このような香味料は、味覚のところで述べた、味蕾の機能を傷つけてしまい、味に対しても鈍感になります。

CBSドキュメントでのレポートでは「NO　MSG」というテーマで化学調味料についての論争がありました。MSG（Monosodium Glutamate）はグルタミン酸ソーダのことであり、日本では以前、食物にたっぷり味の素を入れれば、頭が賢くなると言われた時代があったのを覚えておられる方もいるでしょう。

このレポートの中にもADHDは脳の機能障がいの一つで、じっと座っておられず、集中して作業に取り組めない症状として紹介されていました。

J・オニール博士の研究で乳幼児のベビーフードからMSGが取り除かれました。博士は子どもたちの好むジュースやジャンクフード（カップラーメン、レンジですぐに食べられるレトルト食品等）やスナック菓子も、食品添加物の着色料や香味料にさらされている現状を危惧していました。

ファインゴールドの著書にADHDの子どもの事例がいくつか紹介されております。一人の少年

R・Aは毎日のように清涼飲料水を飲んだり、スナック菓子を好き放題食べ、食事も食品添加物の入ったジャンクフードのような即席の物を多く食べていました。

R・Aの行動は異常に活動亢進《こうしん》状態であると診断されていました。彼がファインゴールドと出会うまでに、あらゆる薬物治療を試みたり、様々な特別の教育プログラムを受けましたが彼の行動は改善されませんでした。

R・Aは次に小児精神科医からリタリン*（薬の商標名）（ＡＤＨＤの症状をコントロールするために一般に使われていた興奮抑制剤）療法を受け、学校で学習する約三時間半は集中でき、コントロールもできていました。しかし、薬の作用が切れると、たちまち、いらいらし過剰運動が起こり攻撃的な態度になっていました。R・Aは自分自身の態度の豹変ぶりに深く悩み心理的にも情緒不安に陥ることもしばしばありました。

ファインゴールドの診察を受けてから、R・Aはリタリンの量を徐々に減らしながら、薬物に頼るのでなく、食品添加物（着色料・香味料）を取り除いた食事療法を母親の協力を得て開始しました。一週間して、少しずつ落ち着かずにいらいらするパニックは減りました。ところが、R・Aが風邪気味のために抗ヒスタミン剤の咳止めシロップを飲むと、翌日は気が狂ったようなパニックになりました。それは、子どもにとって、飲みやすくするために、ほとんどの薬は人工的に色や味がついており、そのためにR・Aの行動は混乱に陥ったのでした。母親は食事日記をつけながらファインゴールドの助言を受けました。

約六カ月間、R・Aは誘惑されながら葛藤も続け、自分の行動が食べ物によって左右されることも理解できるようになりました。また、学校の食事においても協力を得て、彼の行動は改善されて、学習にも意欲的に取り組めるようになりました。

マクガバーン医博によれば、ADHDは食品に含まれるフェノール化合物が落ち着きのなさを引き起こすと言っています。できるだけ幼児期の早期に糖分をひかえ、人工食品添加物の着色料や香味料を徹底して取り除けば、スムーズに改善されるケースが多いようです。クルークの臨床ではADHDの七五％は食事を変えることで症状が改善されました。

＊リタリン

リタリン（塩酸メチルフェニデート・薬品成分物質名）は二〇〇七年にADHDの子どもへの服用が終了となる。リタリンは、その場に適切な対応が取れるように一時的（わずか三〜五時間）に症状を改善する効能がある。

(4) 食品添加物は脳のドーパミンという神経伝達物質を破壊する

子どもによって、これらの食品添加物の原因によるアレルギー症状の出る場所は違います。ですから、他の兄弟はADHD症状の子どもとまったく同じ物を食べていても、脳にアレルギー症状の出ない人もいます。しかし、乳幼児期の心身の発達に大切な時期には子どもにとってはより良い食品を摂取させてほしいのです。

脳にはいくつかの神経伝達物質があり、その細胞がお互いに絡みあって微妙に均衡を保つことによって、脳神経機能が正常に維持されるのです。その中でもドーパミンは人の行動において最も重要な役割をしている神経伝達物質と言われています。

「ドーパミンは副腎でつくられる神経伝達物質であり、興奮時に神経細胞の突起から放出されて他の末端の興奮を刺激・抑制する化学物質である。」（丸元淑生著『いま、家庭料理をとりもどすには』中央公論社より）

以前、担当していた子どもの中に数名、食事中において、ソース、マヨネーズ、ケチャップなどの調味料をたっぷりつけて、本来、食べなければならない野菜や魚肉を食べずに調味料ばかりをなめている子どもがいました。また、クリスマス会において、みんなで飲む一リットル入りジュース二本を一人で飲み干してしまった子どももいました。

ＡＤＨＤの子どもや自閉傾向の症状を持つ子どもには、毎日のようにスナック菓子やジュースをおやつとして食べていたり、カップラーメンを好んで週に数回食べている子どももいるようです。

彼らの行動はＡＤＨＤの症状のところで述べたように落ち着きがなく、集中力が乏しく、集団行動が取りにくく、社会性の発達において、情緒不安定であったり、一緒に友だちと楽しむ協調性や順番を待つというような規律性に遅れが見られます。

彼らの行動におけるパニック（子どもが言葉でうまく相手に伝達できないために、興奮状態に陥りながら、自分の意思を表現するコミュニケーション手段と考えます）は、神経伝達物質のドーパミンがうまくコントロールされていないことも一つの原因と考えられます。パニックのあることを否定しているのではありません。

本来、ドーパミンという神経伝達物質は脳における興奮状態を抑制する働きがあるのに、食品添加物等により、ドーパミンの細胞組織を破壊してしまっているのです。そのために、人工食品添加物等が体内に摂取されている時は、脳における行動は抑制されており、その要素が減少し出すと、いらいらし落ち着きのない行動が目立ち興奮のるつぼへと症状が現れるのではないかと言われています。一見、矛盾するように見えますが、つまり、中毒症状と考えたら理解しやすいのではないでしょうか。

このことからも、食事療法による食品添加物や糖分をひかえめにする食事が大切であることがおわかりだと思います。しかし、薬に頼らずに食事療法を徹底するには本人のみならず親の努力と兄弟姉妹を含めた家族の協力があってこそ成り立つのです。

(5) 常同行動と神経伝達物質のドーパミンとの関係

常同行動は心理学的に判断して、その子ども自身にとっては情緒を安定させる意味のあるものです。常同行動の例として、手のひらを目の前でひらひらさせていることがあげられます。

しかし、この常同行動は意味を持つ時もあれば、意味を持たないで起きていることもあるのではないかと考えます。多動の子どもの場合は足を中心にして動き回ります。本当は彼らは落ち着きたいのに、落ち着くすべを知らないというより、他動的に動かざるをえないのではないかと思います。一方、常同行動は手・腕を中心とした動きです。この常同行動は、食品添加物等の摂取内容が脳の神経伝達物質の細胞に悪い影響を与え、つまり、薬の副作用のように、一種の不随意運動（筋肉けいれん）と考えてもいいのではないかと思います。

「レナードの朝」という映画がありましたが、原作者のオリバー・サックスは神経科医であり、彼は嗜眠《しみん》性脳炎の後遺症で三〇年間、眠り続けたレナードにLドーパという薬を処方します。レナードは少しずつ薬の量を増やされていくうちに、ある朝、目覚めます。

レナードは三〇年間のギャップに悩みますが、新しい気持ちで立ち直ろうとします。しかし、その矢先にレナードはLドーパの副作用によって常同行動のような不随意運動が体に生ずるのです。

Lドーパはドーパミンという神経細胞が前頭葉で高まるようにさせる働きがあり、その働きは情報を伝える物質になり、想像のひらめきによって無意識のうちにメッセージが完成します。しかしLドーパの投与量が極端に増えると、ドーパミンが放出し前頭葉が緩み無秩序なむだな行動が症状として出てきます。

ドーパミンの神経伝達物質の代謝を狂わせると、物事に集中できにくく、注意力散漫となり、多動な行動や常同行動として現れることも明らかになってきています。

オリバー・サックスは「人は環境の状況に合わせて緊張と弛緩のバランスを調整しながら生きて

いる」と言っています。

レナードの事例からもわかるように、人の行動、つまり、脳が円滑な働きを保持し続け、神経伝達物質のドーパミンをバランス良くコントロールする鍵は、より良い食事を摂取することであると理解できたと思います。

⑹ いくつかの薬物療法による症状の改善（ＡＤＨＤの子ども向けの薬）

私は、薬に頼らずできるだけ、食品添加物等を取り除いた食事療法をアレルギー専門医や栄養士に相談をし、家庭および幼稚園・学校等の給食関係にも協力してもらえる生活環境に改善することをお勧めします。

しかし、子どもによっては薬も併用しなければ改善が進みにくい場合もあるでしょう。ＡＤＨＤの子どもが落ち着いて学習に取り組むための手段として、ストラテラやコンサータを服用していることもあります。この薬は年齢や体質によっては合わない子どももいます。薬を服用している子どもに自分自身の行動の変化に戸惑いを感じ、人とのコミュニケーション関係で悩み、情緒的に不安定になってしまうケースもあります。

ＡＤＨＤの子どもには塩酸メチルフェニデート系（薬品成分物質名）を子どもの症状に合わせて改良開発されています。約一二時間持続作用型のメチルフェニデート塩酸塩の成分を放出制御型徐放剤としてコンサータという商標名でヤンセンファーマから販売されています。このコンサータの効能は不注意・衝動性・多動性の症状を改善します。服用後一～二時間程度で効果が表れ、ゆっくりと成分を体内に吸収させる構造の薬のため、効き目は約一二時間程度持続されます。そのことによって情緒の安定が図られます。メチルフェニデートの働きは神経伝達物質のドーパミンを強め、前頭葉においてノルアドレナリンも活性化させます。つまり、覚醒や注意力が維持されることになり、物事に対して集中して取り組むことが可能になります。その他に塩酸アトモキセチン（薬品成分物質名）のストラテラ（商標名）、六歳以上対象の薬もあります。いずれも、薬の効果としては、学校等の集団時間内には言動等が安定していることから、他者との関わりにもスムーズに対応ができるようになります。

これらの薬には神経伝達物質を正常に活性化し、落ち着いて環境に合わせた行動が取れるような促進効果が期待されています。

コミュニケーション機能に問題を抱えている子どもに副作用のない漢方薬があります。その薬の名は抑肝散《よくかんさん》と言います。大阪大学の中川医師の臨床研究の結果、子どもたちの興奮性過多・活動性過多・自傷等の症状が改善されたそうです。効き目の早い子どもでは一週間で、ほとんどの子どもが四週目までには判定ができたということです。

抑肝散の成分はソウジュツ・ブクリョウ・センキュウ・トウキ・サイコ・カンゾウ・チョウトウコウです。漢方薬のために感覚（嗅覚・味覚）に問題のある子どもには服薬が難しいです。ですから、無添加の蜂蜜を抑肝散に混ぜて飲みやすいようにし、薬を飲む目的を子どもにわかりやすく事前に話せば、ほとんどの子どもが少しずつ量も増やし飲めるようになっています。抑肝散は漢方薬を扱っている小児科で処方をしてくれますので、保険適用になります。また、漢方の薬局でも取り扱っています。

できることならば、抑肝散は母子で飲むことが勧められています。なぜかと申しますと子どもがパニックや困った行動をした時に、親は子どもに対して、イライラして怒鳴りつけて叱ることもしばしばあると思います。そこで、母親もこの抑肝散の効能によって、ゆったりした気持ちで子どもと関わることができますし、子どもに飲ませる前にモデルを示してあげられるので、子どもも安心して抑肝散を飲むことができるようです。

(7) 血液脳関門の形成と有害物質

子どもの発達と脳の働き、血液と栄養の問題を考えてみます。血液脳関門という最近注目されている働きがあります。この血液脳関門は中枢神経系に備わっていて、脳や脊髄の血管に神経伝達物質を正常に送る働きをしています。人の血液脳関門は胎生期後半から生後一〇日目以降に成熟をはじめ、個人差はありますが、ほぼ一歳半～二歳頃に完成されると言われています。血液脳関門は胎内にいる段階から、脳にとって相応しくない物質を脳内に入れない関所の役目を果たし、人が成長・発達する上での物質的・生理的な基盤を築いているのです。

生後六か月までの血液脳関門は未発達で、環境ホルモンなどの有害物質をくい止めることが不十分な状態にあります。乳児期は血液を通しての脳への刺激が活発な時期なのですが、有害化学物質が皮膚から浸透したり、摂食によって曝露されてしまい、乳児の心身の発達にさまざまな支障をきたすことにもなりかねません。脳の神経伝達物質の働きが混乱してしまう症状として神経発達症と言われる子どもが増えているという報告もあります。血液脳関門のほぼ完成する時期の一歳半から二歳頃にかけて、今までに順調に表出していた言葉やコミュニケーション相手への視線等の発達に気がかりな症状が見られるケースもあります。

今後、児童精神医学や心理学の立場からの、乳幼児の心身の発達と血液脳関門の形成に関する研究が発展されることを願っています。

(8) いくつかの食事療法による症状の改善

私たちが食べている食べ物（野菜・魚肉類・菓子等）には農薬・化学肥料・食品添加物が含有された物があり、また、飲料に使用される水道水も鉛等で汚染されています。そして、車の排気ガスや工場から排出される有害物質でも汚染されています。このように、土壌・水質・大気等の様々な環境汚染が深刻さを増している中での生活を私たちは余儀なくされています。

この環境汚染により、子どもたちの中には同じ環境に育ちながら、私たちの行動を司る脳にアレルギー症状を起こしてしまい、苦しんでいる子どもたちが増えています。これらの問題は神経発達症と言われる子どもたちの社会適応の難しさの要因の一つではないかという指摘もあり、欧米では真剣に論議されています。そこで、ここでは健康栄養補助食品も含めた食事療法を紹介します。

難治性てんかんのレンノックス症候群の子どもで各種の抗てんかん剤が合わず、発作がなかなか止まらない乳幼児期にケトン食療法を試みている方も見えます。ケトン食療法とは、脂肪タンパクを取り入れ、おからを主食とし与えてゆくものです。

ＡＤＨＤの子どもにはＫ－Ｐ治療食があります。(ファインゴールドの著書に紹介されています)このＫ－Ｐ治療食は自閉傾向で偏食のある子どもには効果が期待できると思います。Ｋ－Ｐ治療食はサリチル酸塩ぬきの食事で、つまり、食品添加物や防腐剤を取り除いた物を用います。

知的な遅れを伴う自閉傾向の子どもや神経発達症の子どもにレシチンが良いとも言われています。レシチンは大豆(でんぷん、タンパク質、脂肪)の成分が含まれています。これらの成分の入った食品にはきな粉、豆乳などがあります。

レシチンの効能について述べてみます。レシチンは脳の神経伝達物質のアセチルコリンが主成分ですが、その他の神経伝達物質であるドーパミンやセロトニン等を脳細胞内でバランス調整する働きがあるため、脳内の血流が活性化されます。そのことによって、落ち着かずイライラする行動を抑制し、脳波はα波になりリラックスした状態に導かれ、集中力も促進されて、課題に真剣に取り組む体勢ができるようになります。このようにレシチンは神経細胞の代謝を活発にする働きがあるのです。レシチンを含んだ健康補助栄養食品として、アルファベスト・グミタイプ(商品名)があります。

植物系ミネラルの効能……ミネラルはカルシュウム・硫黄・カリュウム・ナトリウム・マグネシュウム・銅・亜鉛・鉄・マンガン等の鉱物質の栄養素です。あまり、金属系ミネラルを取りすぎると体内で有害物質となり、体に悪影響をもたらすことになります。しかし、人間は体内でこれらのミネラルを作ることが出来ませんので食事時に補給する必要があります。植物系ミネラルは無害であるため、植物系ミネラルを補給することによって、体内に蓄積された有害物質を老廃物として体外に排出することができます。

いくつかの食事療法と健康補助栄養食品を紹介しましたが、今の日本の食糧事情はほとんどが外国に依存しており、食品添加物や農薬及び大気汚染を避けられる環境にありません。しかし、子どもを健全に育ててゆくことは、我々、大人の責任でもあり、より良い食環境になるように努力しなければならないと思います。そのことによって、子どもたちも少しずつ心身共に改善されてゆくのではないでしょうか。

調理方法にも工夫を

母親は子どもの摂食機能に応じた調理をするように配慮することが大切です。離乳食の時には、食べ物の素材をペースト状にしますと、子どもにとって摂取しやすいようになります。次の段階はみじん切り、そして、荒みじんと調理方法を変えてゆきます。徐々に味覚認知を養うためにも、一種の品のみをペースト状、みじん切りにするようにして、食品を混ぜないようにします。離乳食から普通食に変わる頃には、子どもにできるだけ野菜や魚肉などの素材が分かるようにしてゆきます。

離乳食調理に持ってこいの器具があります。それは、ＢＡＭＩＸ（バーミックス）というスイス製の物で、（株）カタログハウス〔問い合わせ先……東京都渋谷区代々木二―一二―二／ＴＥＬ０１２０－１６４－１６４〕から販売されています。ペースト状からみじん切り、そして荒みじんと、その他にも様々な調理方法ができるので重宝されています。

できるだけ、市販のベビーフードは避けた方がよいでしょう。過去に食品添加物入りや雑菌が混入されていて問題になったことがありました。どうしても、購入する場合は、よく表示を調べて最良の物を選んであげてください。

普通食になった子どもには、子どもの口の大きさに合わせた、ある程度、堅い物を入れる調理方法で味付けは塩分、糖分をひかえめにし薄味にすることが大切です。乳幼児期は味覚がまだ敏感期ですから薄味がいいのです。また、色彩にも配慮し、目で見てもおいしそうに食欲をそそるように工夫してみてください。

即席の物は避け、手作りの食事にしましょう。そのことによって、お母さんが子どものことを考えて味付けするわけですから、お母さんの愛情がたっぷりになります。即席の物はほとんど食品添加物が入っており、一般的に味付けの濃い物が多いようです。

子どもがお母さんの味付けで食べられるようになったら、お祖母さんや親戚の人の味付けの料理も食べさせてあげたり、たまには外食（味付けの薄いお店）を経験させることもいいことです。

子どもがお母さんの調理していることに興味を持ち出したら、おやつのホットケーキなどを手始めにお手伝いをさせてみるとよいでしょう。小麦粉をかき混ぜるとか、出来上がったホットケーキをナイフで切ってもらう役割を与えてあげるのです。そして、苦手な食品材料を一緒にきざんでお鍋に入れたりして、料理をする楽しさを経験させてあげます。そのことによって、自分の作った物だから頑張って食べてみようという意識も芽生えてくるのではないでしょうか。

食べ方について

1　まずは、手づかみでもいいから、食べられるようになること。
2　母親がスプーンですくって、口に運んであげる。（いつまでも飲み込む癖ができないようにするために、スピードペースを考えて、噛むようにさせ、顎に指をそえて補助する。口の中の食べ物がなくなったら次を入れる）
3　母親がスプーンでおかずをすくっておき、スプーンの柄を子どもに持たせ、その上から母親の手でカバーして口に運ぶ。
4　母親がスプーンでおかずをすくっておき、スプーンの柄は子どもが自分で握り、母親は子どもの手首を支えて口に運ぶ。

5　子どもは自分でスプーンを握り、母親は子どもの手首を支えて一緒におかずをすくって口に運ぶ。(目と手の協応を確かめること)
6　自分でスプーンを握り、おかずを見てすくい口に運んで食べる。
◎いぬたべさん……器に口を持ってゆく。
◎とりたべさん……こぼしまわる。
◎ねこたべさん……器をなめる。
◎うさぎたべさん……よそ見が目立つ。
もちろんテレビを見ながらはダメです。
◎は1〜6までの段階の時には、やかましく言わないようにします。できるようになったら、徐々に改善できるように導いてあげてください。
食器類、スプーンの大きさ、器も子どもの興味をそそる絵の物で、おかずを食べてゆくと、その絵が見えて楽しくなるといった具合にもなります。

※◎の箇所は婦人之友社と同じ系列である、自由学園幼児生活団通信グループの資料を引用しました。

7 着脱

なぜ、人は衣服の着脱が必要なのでしょうか。それは人は動物と違って毛皮がなく、気候・文化社会に適応するために、衣服を身につけなければならない歴史を歩んで来たからです。

日本は一年中、同じ服を着て過ごす気象条件でないため、気温に応じて衣服を調整しています。寒くなれば寒くないように服を身にまとい、暑ければ服を脱ぎ半袖姿になります。

着脱における完全な自立とは、どのようなことを言うのでしょうか。それは、自分の体温に合わせて、寒くもなければ暑くもないように、自分の判断で服を脱いだり着たりして、調節できることを言います。その他に、排せつ物、汗、どろんこ遊びで汚れた時に脱ぐという清潔感を養う健康面につながります。そして、帽子や靴は外で着用し、部屋では脱ぐという規則、つまり、社会性を身につけることにも関係があります。

着脱が自分でできるにしたがい、指先の力も養われ徐々に器用になり、運動機能の発達及び脳への刺激にもなります。着脱は毎日の起床時のパジャマから昼間用の衣服に、食事時のエプロンに、入浴時の下着交換に、そして就寝時にと、排せつ物、汗、遊び等の汚れた時の着替えがない時でも生活の流れの中で四回は繰り返して行われます。ですから、あせらず、子どもに楽しく歌でも歌いながら、また、子どもの等身大の鏡を用いて、子どもの体の部位を言いながら、ボディー・イメージも形成できるように関わってゆけば、必ず上達してゆきます。

最初のうちは十分、補助をしてあげてください。それは、衣服を着るのに、どのようにして、それぞれの体の部分を伸ばしたり、曲げたりすれば良いかを習得するための期間が必要だからです。しだいに子ども自身が服に腕を通したり、足をズボンに入れようと協力をしてくれるようになったら、しめたものです。

次の段階で、子どもに気づかれないところで補助の手を添えてあげます。そして、できた時に、その努力をおもいっきりほめてあげると効果的です。徐々に子ども自身でできるにしたがって補助を減らしてゆきます。

子どもは自分でやろうという意欲が出てくると、自律性が芽生え自分一人ですることを得意がることがあります。ここまでくるのが、大変ですが、功をあせってできそうもない事を無理にやらせることのないように、母親は常に子どもの能力について認識を深めなければなりません。昨日できたから今日も頑張って自分でやりなさいと言えない日もきっとあると思います。それは乳幼児は前進したり後退したりしながら、少しずつ成長してゆくからです。

着脱の時になかなか集中して取り組めない子どもがいます。そういう場合には部屋のコーナーを

じぶんでふくがきれたよ（作詞・曲　松田ちから）

用いて、子どもをコーナーの方に向かせて、大人が後ろから補助すれば、気も散らずに落ち着いた環境でできると思います。

着脱が自分でできるようにするためには、家族の方（父親・祖父母・兄弟姉妹）の協力が必要です。子どもと関わる時に同じ関わり方で、着脱に取り組まなければなりません。着脱が機能的にできるようになっても、お母さんに甘えたいとか、体調がすぐれないとか、情緒的に不安定の時だってあります。そんな時には子どもの気持ちをわかってあげて、「きょうは服のサービス・デーです」と言ってさりげなく着せてあげていいと思います。着脱機能を獲得しているわけですから、自分で着られなくなるということはありません。

着脱を楽しくするために作った「じぶんでふくがきれたよ」の歌を参照してください。

丸首服の着脱

乳幼児が自分一人でできるようにするためには、首まわりがゆったりして首にすっぽりと通しやすく腕も通しやすいアンダー・シャツから始めると良いでしょう。お風呂に入る時には、まだ、自分でうまく脱げない子どもには下着以外は手を添えて脱ぐのを手伝っていいと思います。下着のアンダー・シャツだけで練習します。子どもはお風呂の好きな子が多いですから、はっきりした目的がありますので、脱ぐことは、わりと早くできるようになります。親も自分のアンダー・シャツを脱ぐのを子どもの目の前で見せてモデルを示すと良いでしょう。着る時もモデルを示し、鏡の前で「くびにとおして、うでにとおして」と言葉かけをします。

アンダー・シャツが自分でできるようになったら、半袖シャツにします。アンダー・シャツで着脱のコツが身についていますので、ほんの少しの補助で上手にできるようになるでしょう。半袖シャツができるようになれば、長袖シャツになるのですが、真夏の時期に、その段階になったからと言って長袖シャツの着脱の練習を始める必要はありません。長袖シャツは首は上手にできても、腕がなかなか出にくくて、いらいらする子どももいます。母親は子どもにモデルを示す時に、薄手の手袋の手のひらの部分に子どもの好きな動物・乗り物・果物等のアップリケをマジックテープで取り外しできるようにしておきます。まず、母親はアップリケ付きの手袋を両手にはめて（子どもにはアップリケの絵は見せない）手を握った（拳）状態で自分の長袖シャツに腕を通すところを子どもの前でします。そして、袖口に拳が出ると同時に手のひらを開け、子どもの目の前にアップリケの絵を見せてあげてください。次にもう一方の腕も同じようにします。そのことによって子どもに長袖シャツを着ることの楽しさを伝えます。

子どもが実際にする時には、グーパーの手遊びをし、グーの拳の時に腕を通すのを補助します。子どもは手を拳にした方が指が途中でひっかからないようで、スムーズに通せるようです。子どもは母親がモデルで示すような手袋をはめることを嫌がる子どももいると思います。そこで、手のひらに子どもの好きな絵シールを貼ってあげるといいでしょう。子どもがグーの拳で腕を袖に通し、袖口から出ると同時にパーになったら、母親は即時にグーの拳を出して「～ちゃんのかち」と言ってあげます。子どもは大喜びで、腕を通せてシャツが着れて、お母さんに勝って大好きな絵シールをごほうびに貰えるので御機嫌です。また、腕を通す段階で補助の必要な子どもには「～ちゃんでんしゃがトンネルをくぐります」と楽しく遊びながら導入することが大切です。

シャツを着る時に前後・表裏の区別が難しい子どももいるので、目印になるマークを縫いつけてあげ、すべてマークを統一するとわかりやすいでしょう。

パンツ・ズボンの着脱

パンツは着脱の中でも、わりと早い時期にできるものの一つです。今、できるという水準の物から始めてゆくと、自分でやろうという意欲もでやすいでしょう。パンツをはかせる場合、まだ、足腰がしっかりしない子どもには、子どもが立った状態でつかめる高さにタオル掛けを固定します。子どもがタオル掛けにつかまって片足を交互に上げる時に、母親は子どものつま先を下向きにしてパンツの穴に通すために足を持ち上げます。そして、子どもはパンツを自分で上げる練習をします。

しかし、子どもはまだ立つのが不安定ですから、母親は子どもの後ろで膝立ちをし、倒れないように補助して、子ども自身でバランスを取りながらできるようにしてあげます。パンツを上げるのは

腰のあたりからはじめ、膝から、そして、足首から自分でできる範囲を広げてゆきます。
　パンツを脱ぐ場合は自分でさげる練習をします。要領ははく時の逆で、ふくらはぎのあたりからさげる練習をはじめ、膝から、そして、腰からという具合に進めてゆきます。パンツが足首の位置に来たら、子どもを補助して床に座らせてあげ、子どもの手に母親の手を添えて、パンツのゴムの部分を持たせて脱がせます。パンツのゴムの部分がつかみにくい子どもには、パンツのゴムの両サイドにちょうど子どもの手でつかみやすい取っ手みたいな布製のリングを縫い付けます。子どもは両サイドのリングをしっかり握って、パンツの上げ下げをします。
　ズボンの上げ下げはパンツとまったく同じ要領ですが、半ズボンから始めると良いでしょう。パンツ・ズボンなどの上げ下げの段階の子どもには、子どもの名前を入れて「～ちゃんエレベーターが上がります。下がります」と楽しくするといいでしょう。

ズボンが長ズボンになると一本の穴に足二本を入れようとする子どもがいます。母親は子どもが二本目を入れようとする時に、すでに足の入っているズボンの上から、ふくらはぎから膝の裏の位置にかけて片手で押さえて、もう一本の足が入らないようにします。

パンツやズボンをはく、脱ぐのスモールステップの課題はトップダウンという方法で仕上がる寸前の部分から子どもに取り組ませることで達成感が味わえます。一方、ボトムアップの方法ですと順序立てた流れですが、子どもにとって達成するまでに時間がかかる傾向があります。

布製筒の上げ下げあそび

パンツやズボンの上げ下げの機能につながる遊びを紹介します。

◎作るもの……①　サポーター（五センチぐらい）マジックテープで取りはずしのできるアップリケの絵（子どもの好きな動物・乗り物・果物等）を作ります。（次頁参照）サポーターは子どもの脚にフィットした物であること。

②　子どもの脚にたっぷりめの布製の筒（一〇センチぐらい）の両サイドに布製のリングを縫い付けます。※筒状の物は子ども用の古いズボンを切った物を利

用すると良い。この遊びをする子どもにとっては脚に通すのにゆるめでなければならない。（上図左参照）

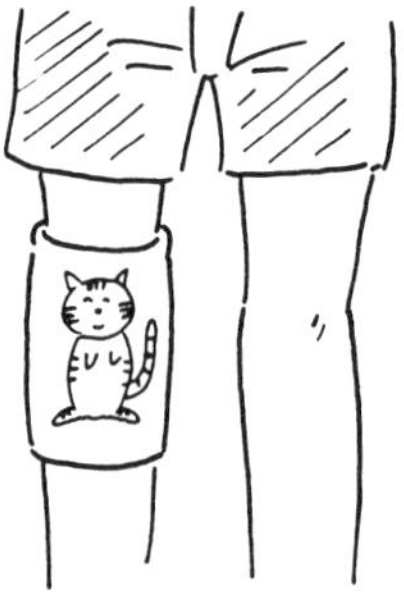

①　アップリケの絵付サポーター

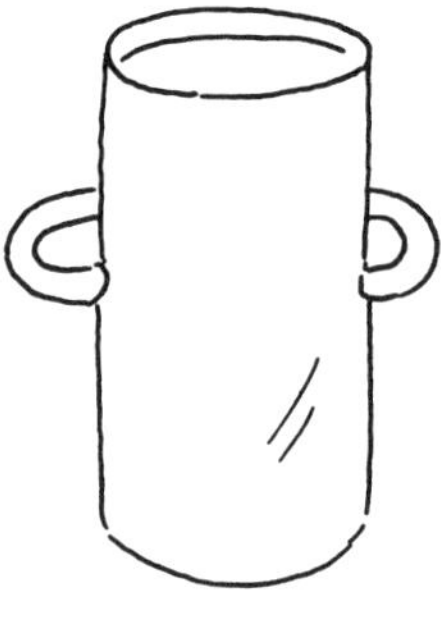

②　布製筒

◎遊び方……

①　子どもは床に両足をなげ出して座ります。

②　大人は子どもの足首と膝の間にサポーターを固定します。

③　子どもは自分の好きなアップリケの絵をサポーターにつけます。

④　大人は布製の筒の穴に子どものつま先を上向きにして入れます。

⑤　筒の両サイドのリングを子どもに持たせ補助します。

⑥　子どもにかかとを少し持ち上げさせ、筒を足首の所に入れます。

⑦　子どもを体育座りの姿勢にします。子どもは筒の両サイドのリングを持って、自分の足首と膝の間を上げたり下げたりして、アップリケの好きな絵が隠れたり、見えたりするのを楽しみます。

⑧　大人は子どもの膝とふとももの間にサポーターを固定します。

⑨　⑧の状態で③④⑤⑥を行い、筒を膝あたりに持ち上げます。
⑩　子どもを体育座りの姿勢にします。子どもは筒の両サイドのリングを持って、自分の膝とふとももの間を上げたり下げたりしてアップリケの好きな絵が隠れたり、見えたりするのを楽しみます。
⑪　このような遊びを左右の脚でします。

布製の筒の上げ下げ遊びによって上げ下げの機能がスムーズにできるようになったら、座った状態で、左右の足のつま先を上向きにし、パンツの二つの穴に一つずつ順番に入れ、少しかかとを持ち上げて通します。（大人は子どもの後ろ側から補助する）そして、子どもに立ってもらいパンツのゴムの部分を両手に握らせ、膝から腰へと一緒に手を添えてはきます。

パンツが上手にできるようになったら、半ズボンそして長ズボンと進めてゆきます。子どもがしだいに自分でできるにしたがい手の補助はなくしてゆきます。

オーバーオール（つりズボン）などはファッションとしてかわいらしいのですが、着脱がまだ、うまくできない子どもにとっては避けたほうがいいでしょう。既製品も不向きです。ズボンのウエスト部分が手作りのゴム製の物であれば、子どもの状況に合わせて指導ができます。

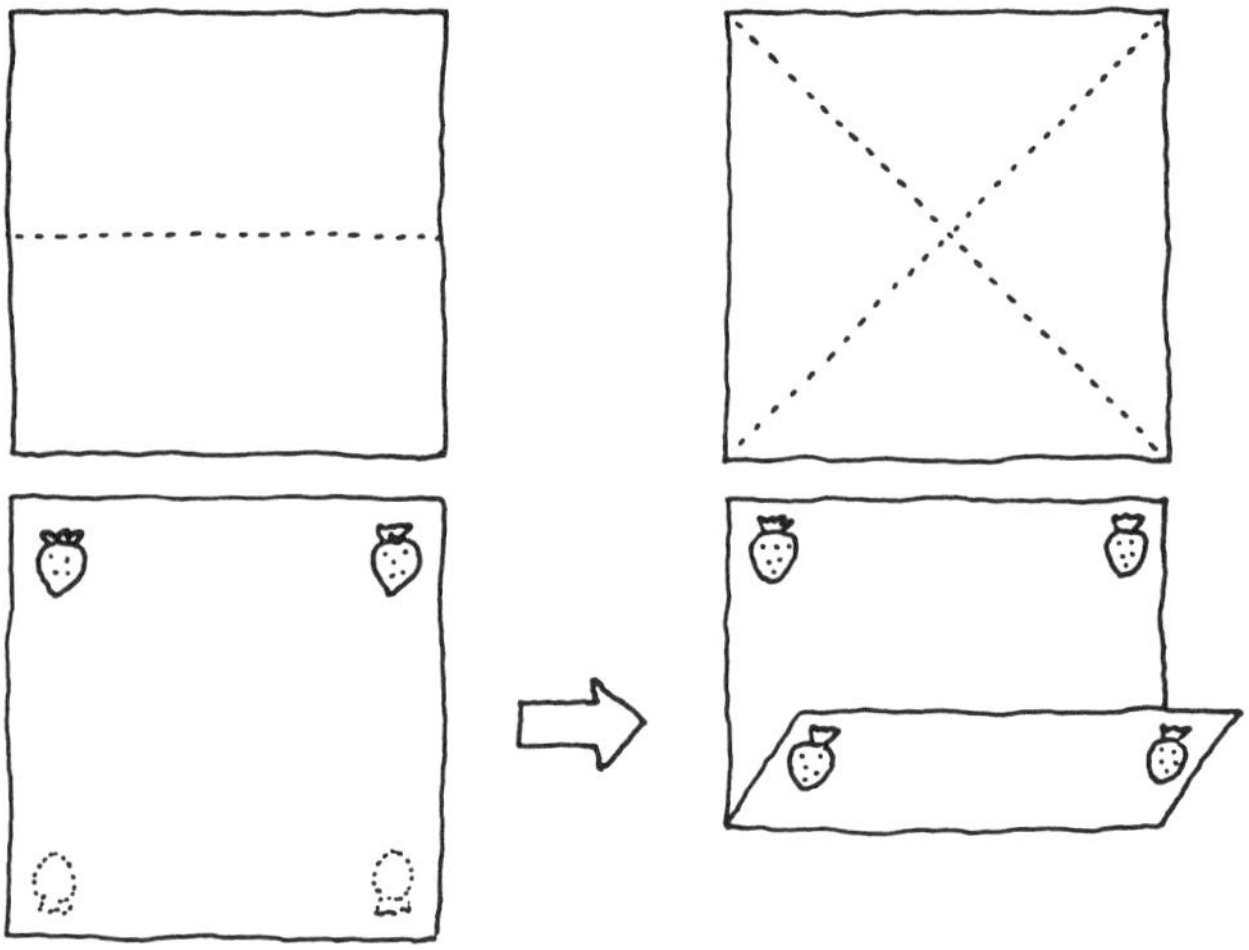

指先を使った遊びの工夫

ボタンのある服の着脱

　ボタンをはめて着る服は、手指の細かい動きが器用にできることが必須条件となります。そのためには、いろいろな工夫や指先を使った遊びも並行して進めることが着脱機能を獲得するための近道と言えるでしょう。

　指先を使った遊びには、ビーズ通し、ペグさし、コイン入れ、重ねコップ、そして、シールを台紙からはいで、所定の位置に貼る等があります。その他に、ハンカチや折り紙等を半分に折ることもさせるといいでしょう。古いハンカチに色の違いがはっきりした糸を対角線上に縫い付けておきます（上図参照）。子どもに糸の線上に沿ってハンカチを折りたたませます。折り紙の場合は、オモテ面の上の両角に子どもの好きなシールを貼り付けます。次に、折

着脱教材「うさぎの目はなぜ赤い」

り紙のウラ面の下の両角にオモテ面とまったく同じシールを逆向きに貼ります（前頁参照）。この折り紙を半分に折る時に、下側のウラ面のシールの部分をオモテ面の同じシールに合わせることによって、きれいに半分に折れることになります。

着脱教材「うさぎの目はなぜ赤い」の作り方

① 折り紙サイズの白のフェルトを三枚用意します。
② 三枚のフェルトをうさぎの顔の形に同サイズに切り抜きます。（上図参照）
③ 一枚のフェルトうさぎの目の所に五〇〇円玉サイズの赤いボタンを二つ縫い付けます。※ボタンを縫い付ける糸は、ボタンをはめた時にほんの少し垂れる程度にします。※ボタンの材質は中央部が少しくぼんでいて、つまみやすい物にします。
④ ③のフェルトうさぎの口の所に一〇円玉サイズのピ

ンクのボタンを一つ縫い付けます。

⑤ 残り二枚のフェルトうさぎにはボタンホールを作りますが、一枚は縦穴に、もう一枚は横穴にします。ボタンホールはボタンがはずれない程度にゆるめにします。

☆子どもにとっては縦穴の方がやりやすいです。

◎遊び方は子どもとうさぎさんのお話をしながら、「うさぎさんが目をさましました。どんな色の目でしょう?」「うさぎさんがごはんを食べます。お口をつけましょう」と言いながらボタンをはめます。そして、ボタンをはずす時には、「うさぎさんはおひるねの時間になりました。目をとじましょう」と言ってすると子どもにわかりやすく、ボタンをはめたり、はずしたりすることに楽しさを感じ、着脱の基礎づくりがなされるでしょう。

布製の手作りカバン

作り方は省略しますが、子どもの状況に合わせて、カバンの開閉部分を改良してゆきます。マジックテープから始め、ボタンの場合は太めの紐のループにボタンをひっかけるようにします。ファスナーの場合は引っ張る先に直径二センチぐらいのリングをつけ、指でひっかけやすくし、しだいに指でつまませて開閉をさせるようにします。

手作りエプロン

実際に子どもの身体につけての着脱の練習は、手作りエプロン（上図参照）から始めると良いでしょう。一日に三回の食事時に必ず着用させることで身につきます。

エプロンの作り方

・子どもの胸から膝のあたりまでカバーできるサイズに裁断します。
・腰周りは白い太めのゴムを縫い付けます。
・首かけ部分はラインの一方を縫い付けます。
・もう一方はマジックテープをライン側と本体の合わせ部分に縫い付けます。
※子どもがマジックテープでできるようになれば、スナップを縫い付けます。

スナップはかなり難しいので、中ぐらいの物が良いです。大きい物は指先が強くないと、はまらないし、小さい物は不器用な指先ではつまめません。スナップができるようになれば、次に、大きめのボタンに変えます。

◎着かた……①　白いゴムの輪の部分を頭からかぶり、腰のあたりに固定させます。

②　ちょうど胸のあたりにあるマジックテープやスナップやボタンを子どもと一緒に手を添えてつけて着ます。

前あき服の着かた

婦人之友社が三歳児対象に行っている幼児生活団があります。その中に着脱のわかりやすい図がありますので引用いたします。（次頁参照）初めのうちはノースリーブの前あきベストが着やすいでしょう。子ども用のスモックを改良した、ゆったりしたものが良いでしょう。

①　服の襟を手前に、前身頃を上にしてぴーんとのばして床におきます。

（裏返しにならないように気をつけます）

②　前あきを広げ、両手を両方の袖の中に入れます。

③　立ちながら、一、二、三で袖に手を入れたまま、手を上にあげ、服を後ろにまわします。

④　手を後ろに持ってゆきます。

⑤　手をすっかり通します。

⑥　襟をきちんと直して、下のボタンから、順々にとめてゆきます。一番上のボタンは鏡を見てはめるとやりやすいでしょう。

前あきの服の着かた（婦人之友社参考）

☆お母さんは人形の服をいろいろな色のはぎれを使って作ってあげ、着せ替え遊びを子どもと一緒に楽しくすれば、子ども自身が服を着る時に親から与えられた服ばかりでなく自分のタンスの中から、自分で選んでコーディネートすることができるようになります。

前あき服のボタンはめ・はずし

お風呂に入る時に親はモデルを日頃見せて、早く大好きなお風呂に入りたい気持ちをかきたてられれば、子どもも頑張って自分でボタンをはずそうとします。そして汚れた下着などを洗濯かごにポイッと投げ入れる競争を楽しむのもおもしろいでしょう。(洗濯物だから、丁寧に入れなくてもいいでしょう)

また、手作りエプロンのボタンを一つはめれば、おいしいご飯が食べられるということで意欲も出てくるでしょう。このように、着脱を身につけるには、子どもに目標を掲げて励ましてあげると良いでしょう。

既製の服であれば、うさぎの着脱教材のところで述べたようにボタンの工夫が必要です。初めのうちはボタンの数は三つぐらいが良いでしょう。あまり多いと、子どもは途中で、嫌になってしまいます。大きめのボタンから徐々に小さいボタンに変えてゆきます。

自分の着ている服のボタンをはめるのはうさぎの着脱教材より、はるかに難しいです。どうして

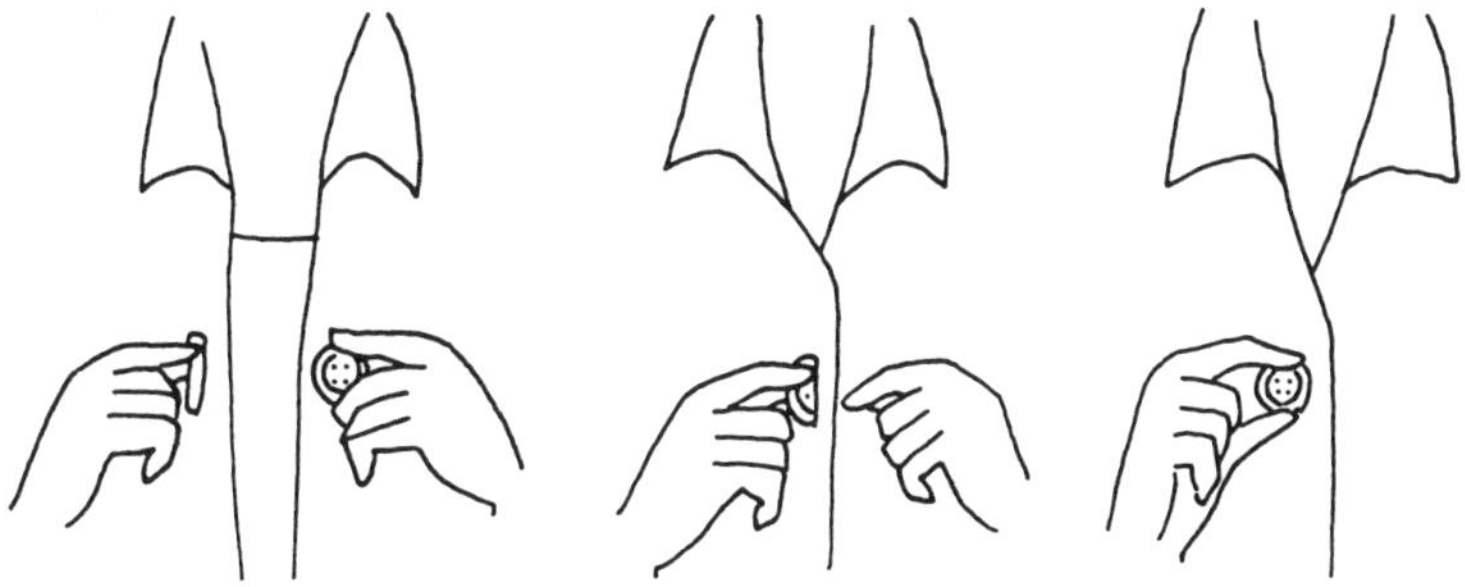

ボタンを自分ではめてゆくための指導段階

も、視野が限られ、ボタンの位置が目の真下になるからです。ボタンをはめる順番は目から見やすい下からはめる方が良いでしょう。最初のうちは一つはめられれば上出来です。五〇〇円玉サイズのボタンにニコニコマークの笑顔のシールを貼っておきますとボタンがはめられたと同時に笑顔のシールが見えるので楽しいと思います。

ボタンを自分ではめてゆくための指導段階を述べてみます。（上図参照）

① 服をはおった状態でボタンを触ったり、穴に指をつっこんだりして遊ぶだけでかまいません。

② はめていないボタンを両手指でつまんで、双方に引っ張ったり、穴の横のみを引っ張る遊びをします。

③ 右手指でボタンをつまむ時、ボタンの裏と服の布の間に右親指をあてがわれる形で押えます。次に、右手指で押さえているボタンに合うように、左手指で穴の横をつまんで穴に引き寄せ、穴にボタンを迎え入れると同時に、左手指でボタンをつまみ引っ張り、右手指は穴の横部分を右に引っ張り、完全にボタンをはめます。

※男女によってボタンの位置が違いますから、注意してください。子どもがこの技能を習得するまでは、親はあせらず、じっくりと一緒に手を添えてあげてください。

手袋の着脱

手袋は冬に寒い地方では必需品ですが、暖房器具の発展した現代では必ずしなければならない物でもありません。しかし、将来、仕事に就いて軽作業に関わる時に大切な手を保護したり、医療や食品関係の仕事などで衛生面に気をつけるために手袋を着用することが義務付けられてくる場合もあります。

まず、手袋はミトンタイプの物から始めると簡単ではめやすいでしょう。親指のみ入れる所に導入してあげれば、あとは全部まとめて入りますから、子どもも嫌がらずにできます。次に、五本指の物で五本指の部分に穴があり、ミトンにもなる両タイプの物を用います。穴があいていますから指先が迷うことなくスムーズに出てきます。親指にはお父さんの顔シールを貼り、その他の指にも、それぞれの顔のシールを貼っておいて手袋をはめると楽しいでしょう。

手袋は子どもの手よりゆったりした物で練習し、それができるようになったら、子どもの好む絵柄の手袋を使って、必要に応じて手袋をはめる機会を与えてあげてください。

※「さむいさむい」の歌を歌いながらすると楽しいと思います。（150頁参照）

帽子の着脱

帽子をかぶるのを嫌がる子どもはわりと多いようです。なぜ、帽子をかぶらなければならないのかを考えてみましょう。大切な頭を保護したり、直射日光による暑さをしのいだり、冬には保温効果もあります。また、衛生面では給食係で着用したり、プールの時にも用いられます。その他に、クラスの区別をわかりやすくするために運動会に色別の帽子を使う所もあるようです。

「むぎわら帽子」の歌（150頁参照）に合わせて友だちとゲームをしながら、帽子をかぶる遊びを通して、頭に帽子をかぶる違和感をなくしてゆくといいでしょう。

動物ごっこや動物の出てくる劇に帽子を用いることがあると思います。そこで、子どもたちが楽しく、しかも、かわいらしくするために普段使っている帽子を改良します。動物帽子の作り方は女性の服に使われている肩パットを用います。わざわざ肩パットのみ買う必要はありません。お母さんの服で肩パットがないほうがいいと思われる服の肩パットを集めておくと良いでしょう。肩パットはいろいろな色や形や大きさがありますので、それぞれの動物の特徴が生かせるようにイメージを描いて少し折り目を付けながら縫い付けたり、まっすぐ、そのまま縫い付けて作りあげるといいでしょう。まず大人が子どもの目の前でかぶったり、子どもに鏡の前でかぶらせてあげ、「ぶたちゃんみたいでかわいいね」と褒めておだててあげます。

靴下の着脱

靴下は足にぴったりはけないと、なぜか気持ち悪いものです。子どもの足より、わずかばかり、古くなった大きめの靴下を図（次頁参照）のように、靴下をはいた時にくるぶしのちょうど下あたりにくる部分を斜めに切断します。つまり、靴下を半分にして二段階に分けて、はく練習をするのです。

① 靴下のくるぶしから足首部分の筒をつま先に通し、くるぶしから足首まで上げます。子どもが膝の方まで上げないように、水性マジックペンで足首から三センチ上ぐらいに線を書いておきます。

※パンツ・ズボンの筒を通して上げる練習と要領はまったく同じですから、参照してください。

② ①が完全にできるようになったら、つま先からくるぶしの下までを包み入れる練習をします。大人も自分用の切断靴下を用いて、子どもの前でモデルを示してください。足の甲の部分になる位置に、子どもの好きなアップリケの絵をマジックテープで取りはずし出来るようにしておくといいでしょう。必ず、絵が上にくるコツが身につけば靴下がはけるようになります。最初のうちは大人が子どもの後ろから一緒に手を添えてあげてください。

※脱ぐ練習もこの二段階方式でするとやりやすいでしょう。

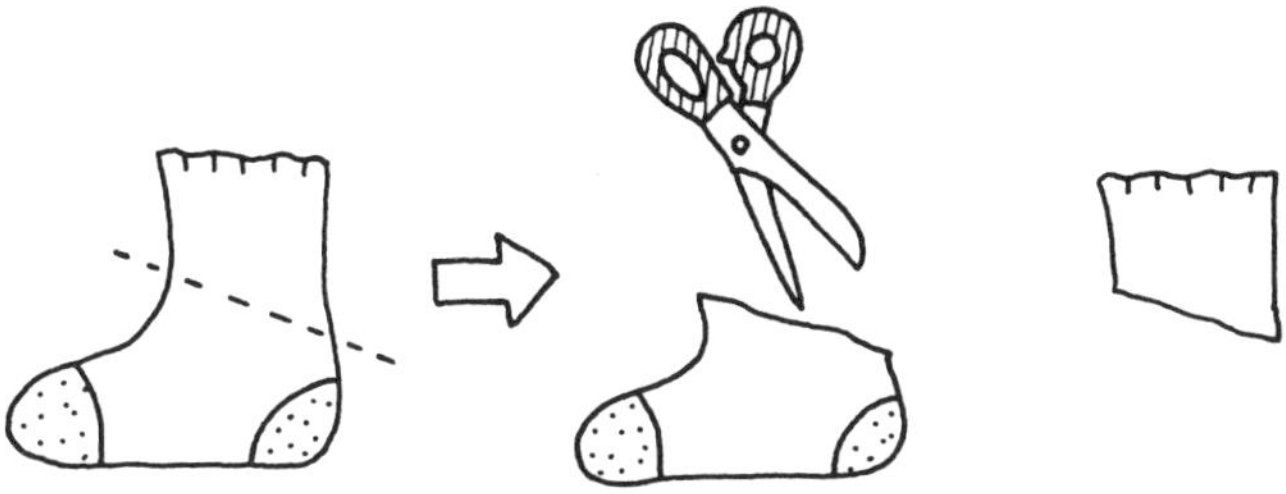

靴下を半分にする

靴の着脱

子どもによっては、機能的には靴がはけるのに感覚的に受け付けられない子どもや、こだわりがあって、すぐに脱いでしまう子どもがいます。足の裏に触覚刺激を訓練として指導する以外は、怪我や寒さなどから自分の体を支える大事な足を保護するために履かなければなりません。そして、外に出かける時には必ず履くという社会的な習慣を小さい時から身につけておきましょう。

上靴用に用いられている軽めの物で練習を始めるといいでしょう。しかし、子どもにとって、甲の部分にあるゴムがきつくないものでなければなりません。

①　子どもを二〇センチぐらいの高さのある安定した段に座らせます。大人は子どもの前に向き合ってかがみます。子どもの右足首を左手で保持し、子どもの右足を持ち上げ、左膝あたりに持ってゆきます。次に大人は子どもの左の手のひらに右靴のかかとの裏側面を握らせ、大人の右手でカバーします。子どもの右足のつま

先を靴の穴部分に入れ押し込み、かかとも入れ込みます。（次頁参照）

※靴を履く意識を持つために、子どもに足元を見るように促します。

② 左の靴も①と同じ要領でしますが、大人と子どもの手足の位置は逆になります。脱ぐ時は、子どもの座る場所と大人の位置の設定は履く時と同じです。要領も同じですが、脱ぐ靴のかかと側面を子どもの手に持たせ、上からカバーして大人が補助します。

　大人の介助がいらなくなったら、子どもに座ってもらい、足元に靴を並べて提示します。つま先を入れるようにします。

③ 靴のうしろにリングをつけたり、靴紐に用いられている紐を子どもの指の入る太さにして縫い付けます。つま先が入ったら、右靴ならば右手の人差し指をリングや紐の穴に通してあげます。そして、指を曲げた部分にリングや紐をくいこませ引っ張り上げることによって、かかとを靴の中に入れ込むようにさせます。左靴も同じやり方です。

④ 左右の違いがわかりにくいので、玄関にすべり止めの付いたビニールシートを置き、目立つ色の油性マジックペンを使って子どもの靴の大きさに塗ります。子どもが靴箱から靴を出して、ビニールシートの靴の絵に合わせて置くようにさせると左右を間違えずに履けます。

⑤ ④ができるようになれば、ビニールシートを敷かずに、子どもにさせてみます。もし子どもが逆に履いた時に、大人は子どもに履きごこちが悪いことを話してあげます。

⑥ 靴を座って履く機能が身につけば、自分で何かにつかまってバランスを取りながらできるよ

うに環境を設定してあげます。

※「くつはこう」の歌に合わせて、楽しくじっくり取り組んでください。(次頁参照)

③と④は大人も子どもがするように同設定にし、子どもの前で事前にモデルを示してあげましょう。子どものために三足ぐらいの靴を用意します。そして、日替わりでいろんな靴を履く機会を与えてあげるといいでしょう。足の成長にとっても、その方が良く、靴も長持ちします。靴の絵柄が違うと気分転換できて楽しいでしょう。いろんな靴が履けていれば、雨ふりの時には長靴もスムーズに履けると思います。

夏の暑い季節には靴だと足が蒸れて、気持ちが悪いので、わらじやビーチサンダルなどを履かせることもいいでしょう。そのことによって、足の指で足がはずれないようにと緊張したり緩めたりすることになり、末梢神経にも刺激が入り、とても良いことです。

靴のはかせ方

衣服や履き物の着脱について述べてきましたが、子どもたちがＴＰＯに合わせ着替えができ、しかも色彩感覚も育ち、ファッションも考えて衣服を自分自身で選択し、身なりをコーディネートできるようになれば、完全に着脱は自立したと言えるでしょう。

♩=126

さむいさむい（作詞・曲　松田ちから）

さむいさむい ふゆはさむい さむいさむい ふゆはさむい
て てぶくろはめてー
Fine
はっといきをはいてー
さむい ふゆもー たのしいこと いっぱい
あるよー ー りんりんりん りんりんりん りんりんりん
りんりんりん サンタの おじさん おみやげ
1.
もってきてねー
2.3.4.
きたよー
D.C.

♩=116

むぎわら帽子（作詞・曲　松田ちから）

かーぜにふかれてとんでった ○○ちゃんのぼうし
むぎわらぼうし ○○ちゃんのぼうし かーぜにふかれてとんでった

♩=66

くつはこう（作詞・曲　松田ちから）

おそとへゆくときは おくつをはきましょう くつくつくつくつ くつはこうー

8　排せつ

排せつを自立につなげる第一歩は、おむつが濡れて気持ち悪いという不快感を感じるところから始まります。つまり、おむつが濡れて、冷たいという感触を敏感に感じ取り、母親に知らせるために赤ちゃんは自分自身で泣いて訴えなければなりません。赤ちゃんがおとなしく泣くことが少ないと、排せつを含めた他の領域にも発達が遅れる影響を与えかねないのです。

泣いて、おむつが濡れて気持ちが悪い不快を訴えて、母親がタイミング良く、おむつをその都度交換してくれることによって、おしっこが出たら泣けばいいことを赤ちゃんは学習します。

おむつは布製にして、常に清潔にしてあげましょう。外出する時は仕方ないとしても、できるだけ布製にしましょう。それは、最近の紙おむつは大量におしっこをしても、尿の水分をきれいに吸い取ってくれますので、直接、赤ちゃんの皮膚でおしっこの濡れの冷たさを感じることができないのです。このことは子どもの情緒を育てる意味でも、重大な問題を秘めています。赤ちゃんの為に作られた紙おむつの発展には、まったく赤ちゃんの気持ちは無視されて、母子が緊密な関わりを持てる子育ての時期に、母親の赤ちゃんに注ぐ愛情を軽減させてしまった大きな落とし穴があったのです。

本来、おむつが濡れて気持ち悪いから泣いて訴える赤ちゃんの自然発生でもある泣きの本能を、紙おむつは奪ってしまっているのです。

また、紙おむつは燃えないゴミの一種であり、もし、燃やすと有毒ガスが出ると言われていますので、大気汚染に拍車をかけますから、極力、使用しないでほしいです。

子どもがひとり歩きができるようになったら、おむつをはずし、おまるに座る習慣をつけましょう。おむつをしていると子どもにとっては歩きにくく、運動発達に悪い影響を与えます。

Kくん（環境要因による発達の遅れ）の排せつの母親へのアドバイスより

Kくん（四歳児）は入園するまではずっとおむつをして生活をしていました。彼の脳には、おしっこはおむつの中でするものだとインプットされていたようです。Kくんは園で、今まではパンツ、ズボンが濡れても平気で遊んでいる時もありましたが、たまに、気持ちの悪いのがこらえきれずに自分のきれいなパンツとズボンを持って来て替えてくれと催促することが見られるようになりました。一、二度「おしっこ」と言って濡れたパンツを脱がせるのを許してくれたことがあります。Kくんはパンツがおしっこで濡れたということは完全に理解しています。

しかし、Ｋくんにとってはおしっこはおむつやパンツなどの中にするものだという固定観念がすでに身についていたようです。ですから、Ｋくんはパンツを脱いでおしっこをすることに不安があります。家にオマルがありますか。なければ、大きめの物を買ってほしいのです。Ｋくんが前を押さえてもぞもぞしていたら、「Ｋくん、おしっこね。オマルに座ろうね」と言って、パンツとズボンをはいたままでいいですから、オマルに座らせてください。初めのうちは、一〇秒ぐらい座ることができたら褒めてあげます。そして、Ｋくんの好きなおもちゃを与えて遊ばせてください。

Ｋくんの一番大好きなおもちゃはミニカーでしたね。このミニカーをトイレ訓練用にＫくんの目の届かない所に隠しておいて、オマルに座ることができた時のみにそのミニカーを与えてください。このごほうびはおもちゃでなくても、Ｋくんの好きなお菓子を一口あげるだけでもかまいません。

オマル座りのごほうびのミニカーでいつまでも遊びたいようであるならば、トイレ訓練用にミニカーを使うのは五分間ぐらいにとどめましょう。そして、Ｋくんにとって次に好きなナンバー２のおもちゃを与え、思う存分に自由に遊ばせてあげてください。

また、ごほうびとしての一口のお菓子をもっとほしがった場合は「おしっこの時にオマルに座ったらあげるからね」ときっぱり言って打ち切ってください。このお菓子もＫくんの一番好きな物でトイレ訓練用にのみあげて、他の時には絶対にあげないように心がけてください。

園でも、もぞもぞして前を押さえていたら、パンツとズボンをはいたままの状態でオマルに座るように少しずつしてゆきたいと思います。そして、Ｋくんがオマルに座ることができたら、Ｋくんの好きな物をごほうびとして与えようと思います。

ごほうびを与えることが動物を調教するみたいで、おかしいと思われるかもしれません。しかし私たちの社会機構では誰もが一生懸命に働いて、月に一回給与を貰って生きているわけで、給与も一種のごほうびですから、同じように考えてもいいと思います。

これから、園と家庭とでKくんが一人でトイレの男子便器に立って、ズボンの穴からオチンチンを出して、おしっこができるようになるまでのスモール・ステップによる計画を立ててみましたので、共に頑張ってゆきましょう。

☆おむつやパンツの中におしっこすると決めつけている子のスモール・ステップによる指導計画

① オマルにパンツ、ズボンをはいたままで座る。(①〜⑤は子どもにとって身近な部屋にオマルを置く)
② オマルにパンツ、ズボンをはいたままで座る時間を二〇秒、三〇秒と少しずつ長くする。
③ オマルにパンツ、ズボンをはいたままで一分間近く座り、おしっこをする。
④ オマルにパンツをはいたままで一分近く座り、おしっこをする。
⑤ オマルにパンツを脱いだ状態で一分近く座り、おしっこをする。
⑥ オマルを少しずつトイレに近づけて、全部脱いだ状態でオマルに座り、おしっこをする。
⑦ トイレの中にオマルを置いて、全部脱いだ状態でおしっこをする。

⑧トイレの男子用の便器に立って、全部脱いだ状態でおしっこをする。（男子用便器のない場合も洋式や和式に向かって立ってすること）
※女子は洋式の場合は座って、和式はまたいで、しゃがむのが不安定な子どもには、大人が後ろから支えてあげること。
⑨トイレの男子用の便器に立って、パンツとズボンは膝までおろした状態でおしっこをする。
※女子の場合は洋式も和式もパンツとスカートは膝までおろした状態でおしっこをする。
⑩トイレの男子用の便器に立って、パンツとズボンのゴムの部分を少しさげておしっこをする。
※女子はおしっこをしたらトイレットペーパー（切り目のある物）をほんの少し、大人が引っ張っておき、左右の親指と人差し指でつまみ、一、二、三と数えてペーパーを引き出します。そして、左手で金具の部分を押さえ、右手でペーパーを持ちカットします。ペーパーで前から拭くようにさせます。
⑪トイレの男子用の便器に立って、パンツと半ズボンの横下からオチンチンを出して、おしっこをする。
⑫トイレの男子用の便器に立って、ズボンのみ膝までおろし、パンツの穴からオチンチンを出して、おしっこをする。
※パンツの穴の重なり部分を少なく改良する。
⑬トイレの男子用の便器に立って、パンツとズボンをおろすことなく、オチンチンを穴から出

して、おしっこをする。

※ズボンはパジャマタイプのようにボタンの一つ付きで、穴がゆったりした物に改良する。

⑭ ⑬でパンツとズボンからオチンチンを出すコツを覚えたら、自分でオチンチンをつまんで、ひっかからないように便器に向けておしっこをする。

しばらく、パンツとズボンをはいたままでオマルに座るやり方で家で頑張ってみてください。そして、排せつ訓練はあせらず叱らないで、少しでもできたら、褒めてあげKくんに成功感を味わせて意欲をもたせるように心がけてください。長期計画を立てていますが、まずは三カ月ぐらいでパンツを脱いでオマルでおしっこができるようになればいいと思います。Kくんにこだわりがなくなればスムーズに応じてくれるようになると思います。

抱っこ法による排せつ指導

Nくんは知的遅れを伴う自閉傾向の子どもで、四歳過ぎてもおむつをしていました。おむつかぶれがあって皮膚がただれていたので、トレーニングパンツに変えてもらいました。おしっこに対して、親からよく叱られていたようで、おしっこをしたくても我慢して、いらいらしパニックに陥ることもしばしばありました。そんなNくんに対して、抱っこで今までのおしっこへの罪悪感の辛さを慰めて、「先生の膝の上で我慢しないでおしっこをしていいよ」と励ましてゆくうちにある程度泣いて、緊張していた体がゆったりすると同時に私の膝の上でズボンをはいたままの状態で大量におしっこをしました。この時は生理的に出る時間でもあったのだと思います。

このように、ただ、オマルやトイレの時間になったからと言って、座らせるのでなく、トイレの訓練も親子のスキンシップを通して開始することが大切です。赤ちゃんがおむつの濡れで気持ち悪く泣いて訴えることにより、母親が赤ちゃんに「おしっこでぬれて気持ち悪いね。きれいにして、さっぱりしようね」と優しく声をかけます。このおむつ交換の関わりを一日に数回することによって、赤ちゃん自身も母親の手触りによって不快から快になる心地よさがしだいにわかってくるのです。この時点から、すでにトイレでおしっこをすることの基盤づくりが始まっているのです。

Nくんは、次の段階ではお庭でリラックスした環境でパンツ、ズボンを膝までおろしてあげ、Nくんをしっかり後ろから抱えてNくんの頬に私の頬をくっつけて、おしっこを、なぜしなければならないのかお話して励まします。しかし、Nくんは、もがいて嫌がって、なかなかおしっこをしてくれませんでした。まだまだ、Nくんと私の関係はコミュニケーションが十分でなく、Nくんのおしっこにおける今までの辛さに対して共感する慰めができていなかったようです。その後、回数を重ねるうちに、初めておしっこが出て、感激し、Nくんも笑顔でゆったりと私に身をまかせてくれました。

Nくんは庭から和式のトイレに移りました。そして、私が抱えて、おしっこに誘い、少し嫌がったものの、わりとすんなりと、おしっこをしてくれました。しばらく、そのやり方が続き、Nくんも体が大きく重くなり、「お兄さんになったし、男の子だから立ってしよう」と勧めました。Nくんは男子便器の前で少々、緊張していましたが、水が好きなので、水を目の前で流して、「Nくんのオチンチンからも、お水を流して」と励まし、Nくんの両肩に軽く手をのせて保持してあげました。一週間ぐらいして男子便器に向かって、おしっこをしてくれました。Nくんのおしっこの間隔は約一時間半~二時間ですのでトイレに誘い見守ってあげました。その後、一カ月して、Nくんにおしっこの有無を尋ねて、あったらトイレに行くように言葉かけすると、自分でトイレに行っておしっこをしてくれるようになりました。今では、自分で尿意を感じたらトイレに行っておしっこをするようになりました。今後の課題は、オチンチンをパンツとズボンの穴から出してすることです。

二つの例をあげながら、排せつの訓練について述べてみました。おむつの弊害が、よく分かっていただけたと思います。おむつは衣類の一部であり、親にとってはおしっこによる被害防止の用をなすものです。しかし、赤ちゃんにとっては生後六カ月を過ぎる頃には、おむつは快適な物ではないようです。おむつをはずすか、はずさないかは子どもの気持ちを思うことが大切であり、親の都合でいつも子どもに着用させることはできるだけ避けるように心掛けたいものです。

おむつをはずすことによって、子どもがどういう状態で排尿が起きるかを観察しやすくなります。そして、子どもの排尿の実態を正確に把握して、母子のスキンシップを通して、おしっこがオマルで、そして、トイレでできるように子どもの状況に合わせながら導入してゆくと良いでしょう。

失禁と遺尿の違い

失禁とは、臓器を支配している泌尿系神経に故障があることにより、自分の意志とは関係なく制御されずにおしっこが出てしまうことを言います。たとえば、人工肛門や人工尿道などによって失禁状態になることがあります。

遺尿とは、おもらしのことを言い、これは治すことができます。子どもの排せつの自立が遅れると、失禁なのか遺尿なのか簡単に見分けにくいことがあります。このような場合には、尿に関しては泌尿器、大便に関しては消化器系に器質的な疾患がないかを専門医に診察してもらう必要があります。

排せつは、どのように自立してゆくのか

新生児はぼうこうに尿がいっぱい溜ると反射的な勢いで排尿されます。生後数カ月の時期には排せつの訓練を始めても困難です。赤ちゃんは睡眠中のノンレム状態（熟睡中）においては、排尿は起こりません。なぜかと言いますと、生理的に尿閉になっているからです。生理的尿閉は腎臓で作られるおしっこを濃縮する抗利尿ホルモン物質が働くのです。赤ちゃんが体を動かしてむずむずし

ているようなしぐさを見つけたら、おむつの中をのぞいてみるといいでしょう。その直後に、赤ちゃんは放尿します。つまり、二カ月半頃の赤ちゃんは排尿前に尿意を感じ取り、むずむずしぐさ（尿意）のサインを出し目を覚ましまます。このサインをスムーズに察知できる母親は子どもの排せつ自立へのスタートを上手にきったと言えるでしょう。

赤ちゃんは濡れたおむつの取り替えによって、気持ち悪さから気持ち良さへの経験を触覚を通して繰り返すことになります。それが、自立につながってゆきます。しかし、おむつの取り替えには母親がいかにタイミング良くできるかにかかっているのです。それは、次の二つの点に気をつけるとよいでしょう。

おむつを尿が出た直後に取り替えるとまったく不快経験がない状態になり、濡れる皮膚接触が少なくおしっこがしたくなると我慢せずにちびちびしてしまう傾向になったりもします。また、逆におむつを濡れっぱなしのままにして、すぐに替えないと胎内時の羊水につかっていた状況とおしっこで濡れていることと同一感を覚えるようで、不快感が身につかないこともあるそうです。

三歳未満の乳児はぼうこうに尿がたまり一杯になると、ぼうこうの壁が強く張り出し排尿します。五歳ぐらいになると尿意を感じても、ぼうこうが完全に張りきるまで堪えられる余裕がでてきます。つまり、我慢できるようになってくるのです。自分でコントロールができれば、生活のリズムの区切りごとにトイレでおしっこを済ますことができるようになります。乳幼児はおしっこを自分でコントロールできるようになっても、遊びに夢中になっていたり、情緒的に不安定な時におもらしすることがあります。

おしっこを我慢する働き

ぼうこうには内側と外側に二種類の括約筋というのがあります。これらの括約筋は自律神経によってコントロールされています。内括約筋が弛緩しても意識的に外括約筋に緊張を与えるとおしっこは出ない仕組みになっています。そして、この状態のままを受け入れたぼうこう壁は刺激になじみ、サインを脊髄中枢に送らず、内括約筋も落ち着いて、ぼうこう壁もゆったりし尿の量をもう少し蓄える余裕がでてきます。このことが、おしっこを我慢することにつながるのです。（次頁参照）

親子関係から生じるおもらし（夜尿も含めて）

おもらしは親子関係の歪みから生じることもあります。たとえば、自分の下に赤ちゃんが誕生しあまりかまってもらえずに、うまく、お母さんに自分の意志を伝えることができないためにおしっこをすることによって、お母さんの気を自分の方にひくようにさせるのです。その時に、ついつい忙しさにかまけて「お兄ちゃんだからトイレで自分でしなさい」ときつく子どもを叱ると、かえって、おもらしが頻繁になることもありますから、子どもの気持ちをくみとってあげることが大切で

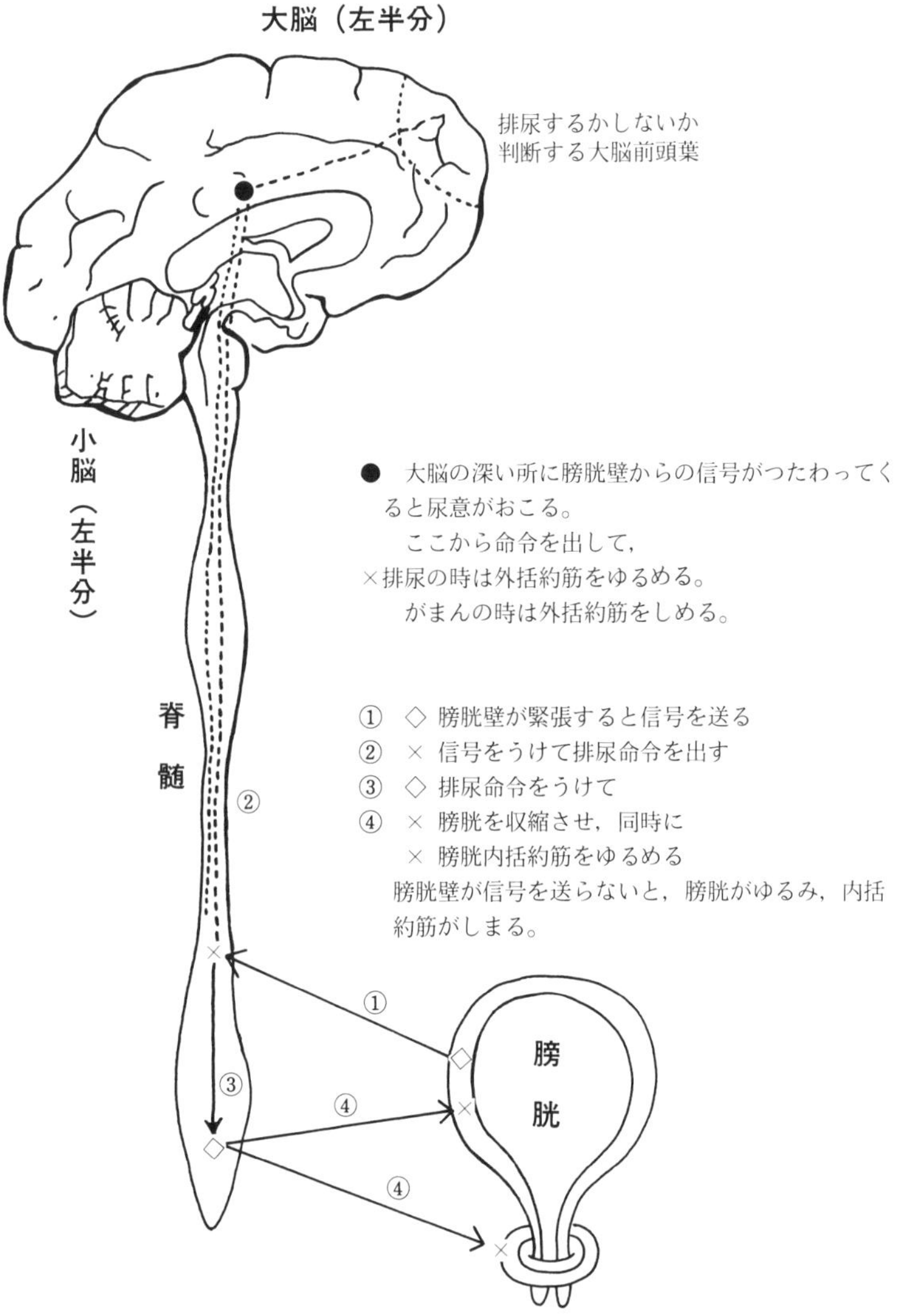
大脳（左半分）
排尿するかしないか
判断する大脳前頭葉
小脳（左半分）
● 大脳の深い所に膀胱壁からの信号がつたわってくると尿意がおこる。
ここから命令を出して，
×排尿の時は外括約筋をゆるめる。
がまんの時は外括約筋をしめる。
脊髄
① ◇ 膀胱壁が緊張すると信号を送る
② × 信号をうけて排尿命令を出す
③ ◇ 排尿命令をうけて
④ × 膀胱を収縮させ，同時に
× 膀胱内括約筋をゆるめる
膀胱壁が信号を送らないと，膀胱がゆるみ，内括約筋がしまる。
②
①
③
④
④
膀胱

排尿のしくみ

（名古屋市・あさみどりの会『こどもの排せつ―母親ガイドブックその２―』より）

す。

自分のおしっこをちびちび床に出しては指で触ってこすりつけて遊んだり、自分の体から出るうんこに不思議さを覚え、自分の分身というか自分の物だから大切にしたいという気持ちがわく子どももいると聞きます。そして、うんこを食べたり、こねて遊んだりすることもあります。このことは、心理的な要因だとも言われています。そのような場合には清潔面に注意することと母親の配慮が必要で、そういう時期の子どもがいることも心にとめなければなりません。

夜尿の原因の一つには、いつも濡れた直後に取り替えると不快の経験が少なく、また、濡れっぱなしで長くおかれると濡れに慣れきって我慢せずに、平気で睡眠中にも排尿してしまうことがあげられます。このように環境原因もありますが、心理的な要因があることも忘れてはいけません。夜尿を避けたいがために、子どもを夜中に起こす人がいますが、睡眠リズムを狂わせたり、抗利尿ホルモン分泌の働きを損なう恐れがあります。ですから、子どもは起こさずにレム状態でも、おむつ交換をしてもかまいません。

子どものおねしょに対して母親の被害意識が強いと、自然と子どもに対して暴言をはいたり、叱ったりすることがありがちです。また、なぜ、夜尿があるのか、母親は子どもに対して辛い気持ちをさせたことがなかったか、振り返ってみる必要があります。

たとえば、母親の入院、弟・妹の誕生、夫婦関係がうまくいっているか等です。乳幼児はうまく言葉で表現できないので、体や態度で精一杯、訴えていることがよくあります。子どもの夜尿が環境要因と思われたら、抱っこして優しく具体的に前述のようなことではないかと、わかりやすくお話するように心がけてあげることが大切です。

おねしょをした子どもは心理的なことが原因であれば、布団やパジャマを濡らしてしまったことに対して、重々、申し訳ない気持ちで一杯なのです。ですから、母親はおねしょの現象面にこだわらずに、さりげなく関わるようにするといいでしょう。そして、着替えのできる子どもであれば、自分で着替えたら洗濯かごに入れるように習慣をつけるといいでしょう。

心理的な要因で頻尿になる子どももいます。我々、大人でも緊張して、そういう状態に陥った経験のある方もいると思います。情緒的に不安定になった自閉傾向の子どもに頻尿でトイレばかり行っている子どもがいました。このような場合にはおおいにさせてあげ、安心感を与えてあげましょう。「さっき、行ったばかりでしょ。もう出ないよ」と言わないで、「おしっこに行ってらっしゃい」と声をかけてあげてください。子どもにとってはおしっこが出るのが楽しい（自分の体からお水の出る不思議）時期もあるようです。

排せつのしつけ

トイレのしつけは、母親が計画的に心構えを持って関わってゆけば、二～四歳にかけて自立ができると言われています。赤ちゃんが健診時に裸にされた時や、お風呂に下半身をつけた途端に、おしっこがぴゅーんと出てしまうことをしばしば見かけます。これは、温寒刺激によって反射的に排尿が起こるのです。このような、反射を利用して排せつのしつけができます。トイレという個室では、どうしても緊張してしまう子どももいます。ですから、トイレやオマルにこだわらず、日頃、子どもが親しんで遊んでいる庭を利用して、子ども自身がリラックスした状況で、少々、冷たい空気にさらしながら、抱きかかえてあげると同時に「シーシー」と言って促します。子どもはタイミングよくおしっこが飛び出れば、愉快であり、おしっこをすることが楽しくなることもあるようです。

子どもがおむつをはずして、おしっこの間隔がある程度定まってくれば、定期的に誘ってあげます。しかし、母親もついつい時間を忘れてしまうこともあります。そんな時に、子どもがおもらしをして、パンツが濡れてから知らせてくれることが見られるでしょう。子どもが濡れた気持ち悪さを訴えられることはすばらしいことです。ですから、絶対に叱ってはいけません。「よく教えてくれたね。残りしっこがないか、トイレに行こうね」と誘って、おおいに褒めてあげてください。パンツが濡れてから教えてくれる時期がありますから、母親はその点を理解してあげましょう。

濡れたパンツを脱ぐ時に「パンツぬれて、くさいね」と少し表情を変えて言葉かけし、不快感が伝わるようにします。おもらし後、直ちにトイレに連れて行き、「おしっこはここでしようね」と言い、おしっこの出る所を押さえてやり方を教えてあげるといいでしょう。

トイレに行くことを嫌がる子どもには、トイレに関する絵本がありますので、そろそろ、おしっこの時間に近づいたら絵本を見せて読んであげ、楽しくトイレに誘ってみましょう。

二時間前後の間隔に落ち着いてきた子どもには、少しずつ時間を伸ばし、一日の生活リズムに合わせて、朝起きた時、食後、お風呂に入る前、寝る前というぐあいに、おしっこの時間を習慣化させてあげるといいでしょう。

男の子の場合は父親が、トイレに誘った時にモデルを示したり、灯油などを入れる時に用いる手押しポンプをオチンチンのようにしたおしっこ人形を作って見せるのです。（次頁参照）

子どもがおしっこを嫌がったり、なかなか出ない時に、「お人形さんがおしっこしているよ。おりこうね」と言って見せながら導入しますと、自分も頑張ってやってみようという励みになり、おしっこへの意識を高めることができます。

トイレの便器からおしっこがはみ出さないように、男子便器の足元にマジックで描いた足型シート（次頁参照）を敷き、そこに子どもを立たせます。（スモール・ステップによる指導計画を参照してください。おしっこが出たら水洗ボタンを押して便器に水を流して、きれいにすることを教えます。）

女の子の場合にも母親が、トイレに誘った時にモデルを示してあげてください。トイレが和式か洋式の違いによって方法が若干違いますので、トイレの工夫の所で述べたいと思います。

ボール紙で男の子の人形を作り，しっかり立つようについ立て盤で固定する。
洗面器をお腹にして穴をくり抜き，灯油用ポンプを通し，オチンチンにする。
人形の後ろにバケツに水を入れて，ポンプで水を汲み上げ，おしっこが出ているようにして，子どもにおしっこを促してみましょう。

おしっこ人形

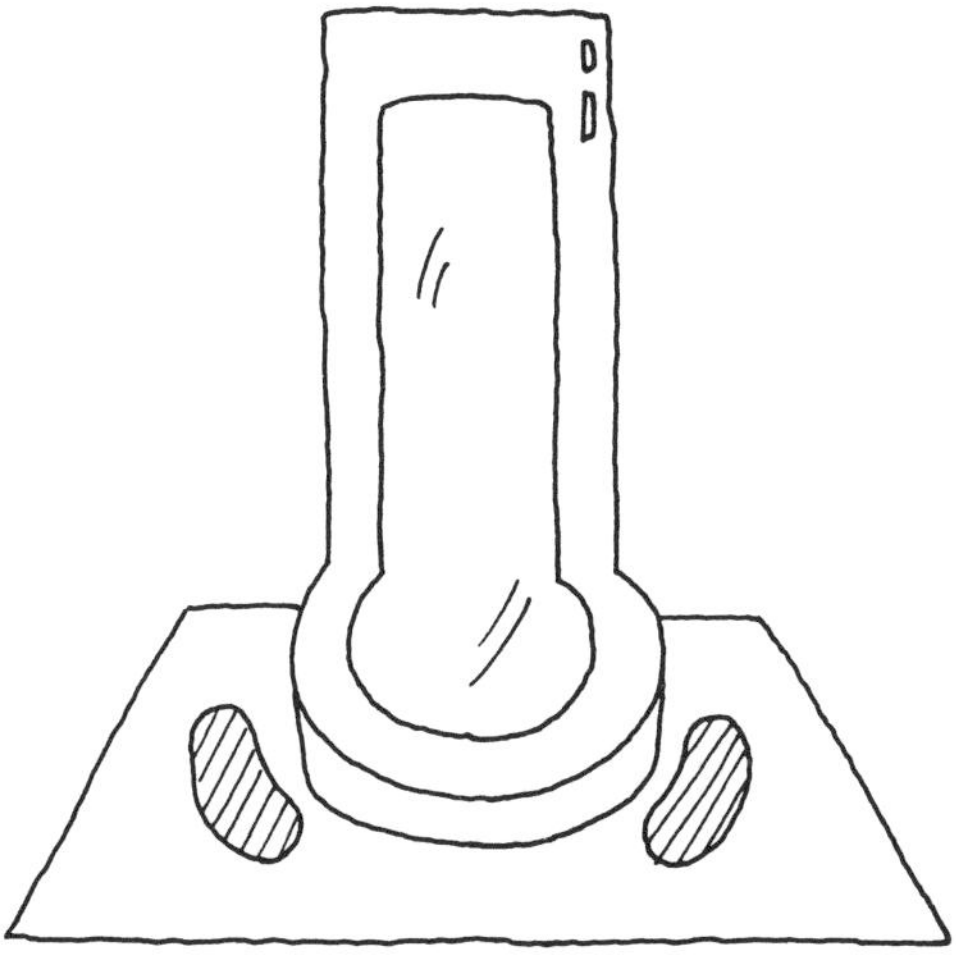

透明のビニールに子どもの足型，もしくは，サンダルの大きさをマジックで描いておきます。

トイレの足置きシート

排せつの自立は子どもの発達の状況によって目標課題が様々です。しかし、どのような段階であれ、排せつの自立に向けてきめ細かく母親が記録を取ることから始めます。まずは睡眠や食事の時間が規則正しく行われているのかチェックし、生活のリズムを整えることが必須条件です。そして食べ物や飲み物の量や質が消化しやすく吸収力のある食品であるか、また、摂食時の食欲も注意深く調べます。排せつは天候や温度にとても関与しています。たとえば、暑い夏ですと、汗になって体外に放出しますから、おしっこの間隔がまちまちになったり、逆に寒さが続くとおしっこの間隔が短くなるようです。

これらの内容をノートに記録するのです。記録を取りながら、定時にトイレに連れてゆくうちに子どものおしっこやうんこの状況がはっきり把握できるようになります。

記録において注意しなければならないことは、記録のために子どもの気持ちを無視した機械的な関わり方は絶対に避けましょう。おしっこは生理的なことであることを、いつも念頭におかなければなりません。

排せつの自立に向けて子どもとの関わりは、子どものおしっこの濡れに対する気持ちが不快であるという感情やしぐさのサインをスムーズにキャッチする構えが母親には不可欠です。濡れたパンツをきれいなパンツに替えて、子どもに「さっぱりしたね」と明るくおおげさに感情を込めてお話し、子ども自身が気持ちの良さの快への回復を共鳴できるように促してみてください。

子どもがもぞもぞして、おしっこをしたそうなしぐさをしていたら、「〜ちゃん、おしっこね。

お母さんが～をしてからトイレに連れていってあげるね」と二分から五分ぐらいへと、少しずつトイレに行くまでの時間を徐々に延長します。そのことによって、子ども自身に尿意を感じても少しずつ我慢することを体で覚えてもらうようにします。もし、子どもが我慢しきれずに、おもらししても叱らないようにしましょう。

トイレの工夫

トイレはいつも清潔にきれいにして、明るい雰囲気に保ってあげるように心がけましょう。においに敏感な子ども、潔癖なために汚れが気になる子ども、個室で狭いので閉じ込められるような圧迫感を感じる子ども、便器の形に異様性を感じる子ども、水洗でない場合は便器の穴に恐怖感があったり、自分の排尿便の響く音を怖がる子ども、水洗の場合は水が勢いよく流れたり、その音が怖い子ども、トイレを嫌がる子どもには様々な理由があるようです。このようなことに配慮し、子どもにとってもリラックスできる環境に整え、楽しいトイレの訓練によって、排せつが少しでも、自分でできるように結びつけてゆけたらと思います。

和式の場合は子ども用の両足を乗せてまたげる足乗せ台が市販されていると思います。また、和式にすっぽりとかぶせて固定できる洋式もあります。洋式の場合は子どものお尻が落ち込まない程度の穴をくり抜いた便座を敷きます。（次頁参照）そして、子どもがその便座にスムーズに安定し

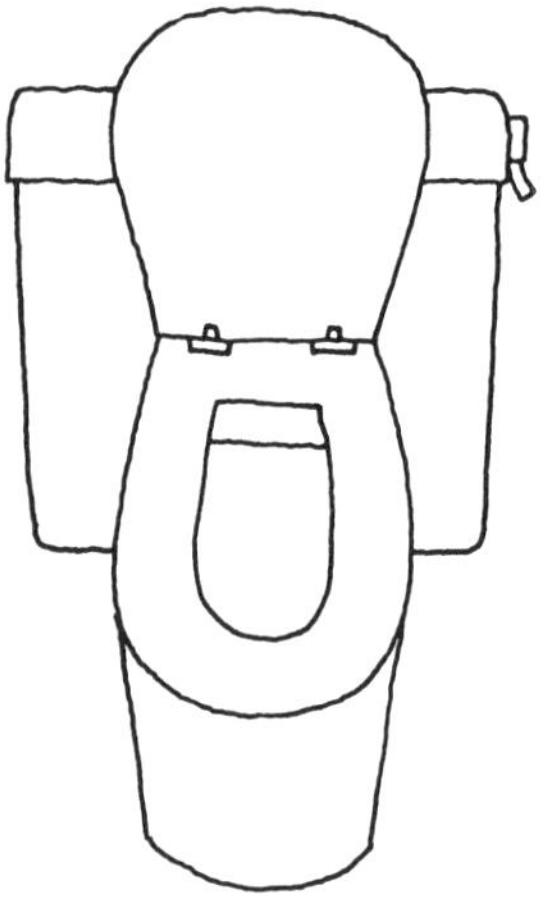

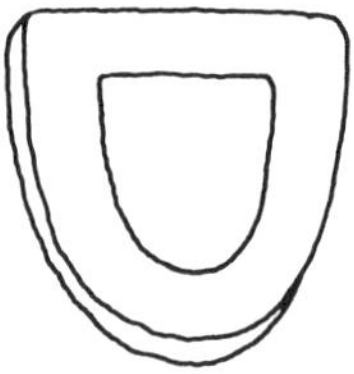

便座板

子どものお尻が落ち込まない程度の穴をくり抜きます。
この便座板は，男子が小便をする時に便座を上げた状態のところに置きます。

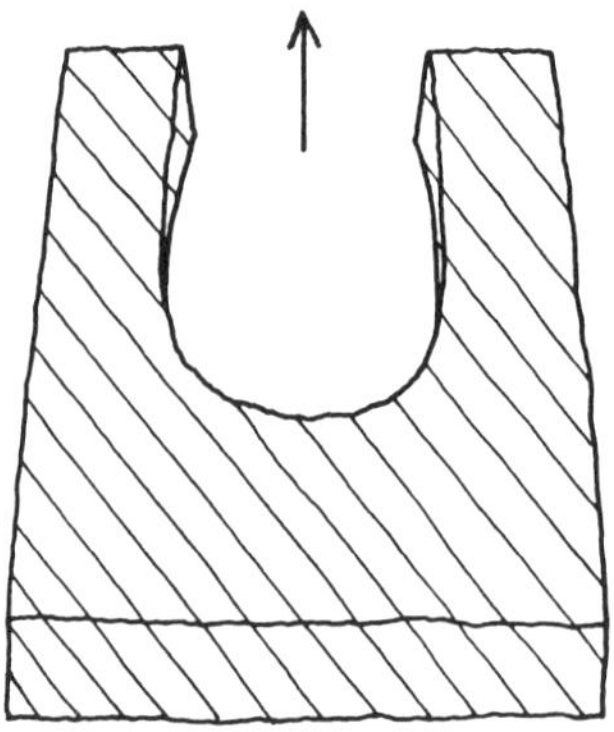

はめ込み台

子どもの足で踏んでも動かないように，しっかり固定してください。

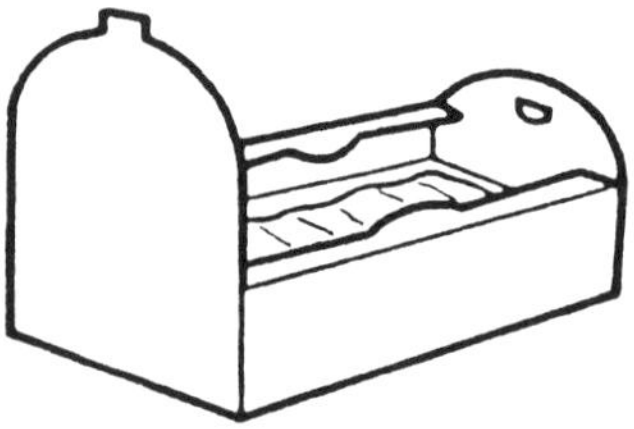

ちびおまる

ドライブ中などでお子さんのトイレに困ったときに使う，大小兼用の使い捨ておまるです。

コンビより携帯トイレとして販売されています。

た状態で座れるように、足置き台を洋式の下の弧の部分に合わせて作り、はめ込みます。（前頁参照）

子どもの好きなテレビアニメのキャラクターの絵やシールを貼り付けて、トイレを親しみのある所にするといいでしょう。また、トイレでじっとできない子どもには、子どもの好きな歌をCD等で聞かせ、うんこの時には、一曲が終わるまで頑張ってみるとか、ひもを引っ張るとオルゴールが鳴るおもちゃを利用して導入すると楽しいでしょう。

トイレ訓練に導入するための絵本・歌

子どもの気持ちを和らげて、おしっこもうんこもトイレですれば、すっきりして、とても楽しい所であることを絵やお話、そして、歌を交えながらすると排せつの自立の近道になるかもしれません。

「おまる」　文＝ミッシェル・ニクリイ　／　絵＝ジャン・クラヴリィ　西村書店
「おもらしなんかしないもん」　さく＝七尾純　／え＝守矢るり　河出書房新社
「すっきり　うんち」　さく＝七尾純　／え＝守矢るり　あかね書房
「おねしょパジャマ」　作＝　小山勇　／絵＝和歌山静子　岩崎書店
「オシッコのうた」「出るうた」（次頁参照）

オシッコのうた（作詞・曲　松田ちから）

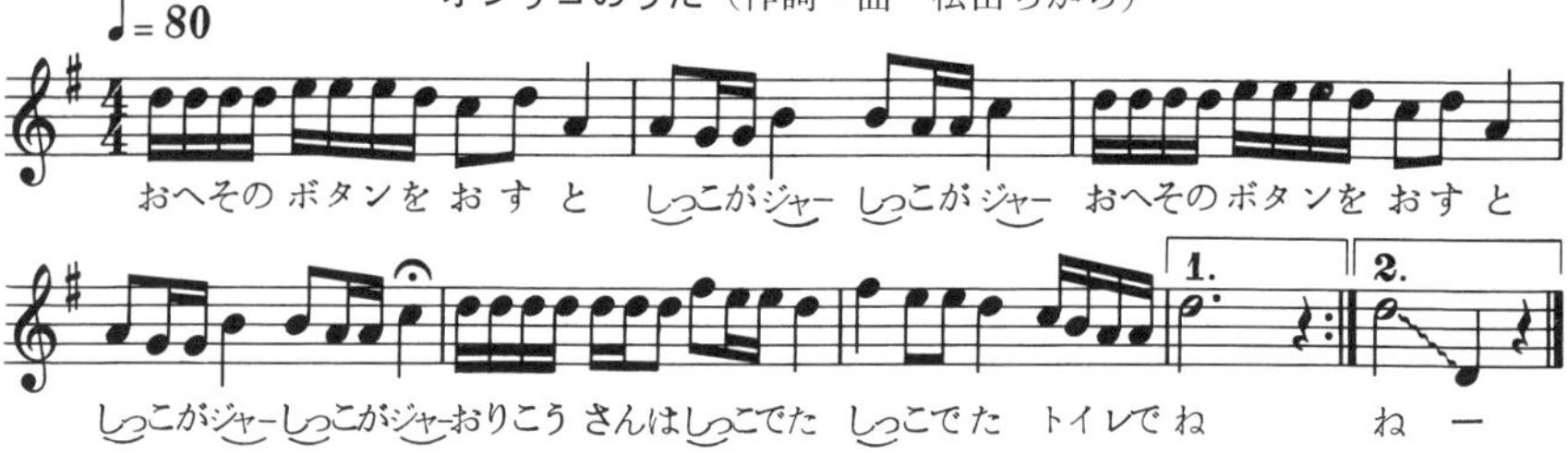
♩＝80
おへそのボタンをおすと　しっこがジャー　しっこがジャー　おへそのボタンをおすと
しっこがジャーしっこがジャーおりこうさんはしっこでた　しっこでた　トイレでね
1.
2.
ねー

おへその　ボタンを　おすと　しっこが　ジャー　しっこが　ジャー
おへその　ボタンを　おすと　しっこが　ジャー　しっこが　ジャー
おりこうさんは　しっこでた　しっこでた　トイレでね

かなしくなると　おめめから　なみだが　こぼれるの
かぜをひいたよ　くしゃみがでるよ　はなみずが　はなから
おなかがすいたよ　はらぺこだ　よだれが　くちからたらり
さあ　さあ　しゅっぱつだ　おしっこの　しゅっぱつだ
さあ　さあ　しゅっぱつだ　おしっこの　しゅっぱつだ
おりこうさんは　しっこでた　しっこでた　トイレでね

出るうた（作詞・曲　松田ちから）

♩＝138
かなしくなると　おめめから　なみだがこぼれるの
かぜをひいたよくしゃみがでるよ　はなみずがはなから
おなかがすいたよハラペコだ　よだれがくちからたらり
さあ　さあ　しゅっぱつだ　オシッコの　しゅっぱつだ
さあ　さあ　しゅっぱつだ　オシッコの　しゅっぱつだ
meno
おりこうさんはしっこでた　しっこでた　トイレでねー

自慰への対応

自慰をする原因は様々であり、心理的な要因の場合は親子関係において、子ども自身すっきりしないもやもやがあり、ついつい感触の良さにつられて性器をいじり、物思いにふけっていることもあります。また、排尿を我慢して自慰をするようになる子どももいます。いずれの原因であろうと、その行為を厳しく注意しないほうがいいと思います。「おしっこにゆこうね」とさりげなく誘ってあげるようにしましょう。

子どもは所かまわず、平気で面前ですることがあります。もし、家庭の場合は、子どもが落ち着く場所を提供してあげてください。たとえば、子ども部屋であるならば、「ここは、あなたの部屋だから、ここならいいよ」と言って、場所を限定させてあげるのです。移動させているうちに気分が変わることもあるし、子どもだって、親から離れて、一人だけになってみたいこともあるのではないでしょうか。

自慰によって自分にとって辛いことから逃避して、自分だけの世界に浸ってしまうことを肯定しているわけではありません。しかし、このことも成長の過程であり、子どもの気持ちにも配慮しながら関わることも必要ではないかと思います。

ただ、「オチンチンをさわってあそんではダメ！」と言うのではなく、なぜ、そのような行動をするのか、まずは母子関係を振り返ってみることも大切です。本当はお母さんに、もっと遊んでもらいたいのかもしれません。自慰の場所を限定した場合でも、しばらくして様子を見に行った時にも、まだ続いているようならば、子どもの好きな遊びに誘って、子どものペースに合わせて一緒に遊んであげてください。

自慰で気をつけなければならないのは、汚れた手や伸びた爪などで性器にばい菌が入って化膿することがありますので、その点には注意してあげてください。

子どもが平気で自慰行為を人前ですることは絶対に避けなければなりません。ただ「やめなさい」と厳しく叱るのでなく、「恥ずかしいし、手がくさくなるから、やめようね」とさりげなく性器から子どもの手をはずすようにします。そして、その都度、子どもに気分転換ができるように関わることが大切です。「恥ずかしい」という言葉は抽象的な表現でありますし、「手がくさくなる」という清潔感を身につけることも子どもには、とても理解が難しいのですが、丁寧に言葉かけすることによって、羞恥心を感じるように促すことが必要です。

人前で自慰行為をする子どもには、絵カードを作成しソーシャルスキルの課題として、理解を深められる環境設定を整えてあげることが大切です。

うんこもおしっこの訓練と同じ

乳児がおむつの中にうんこをすれば、においに母親は気がついて、「くさい、くさいね。気持ち悪いね」と言って、きれいなおむつに替えてあげます。やはり、おしっこと同じように不快と快の経験を繰り返すことによって、乳児は感覚機能をフルに用いて、気持ち悪いことがわかると泣いて訴えることも覚えてゆきます。乳児がうんこをしたくてむずかったり、いきんだりして後でうんこが出て表情がすっきりしたのを見届けたら、即座に「～ちゃん、うんこが出たね。おむつを替えようね」と声をかけます。子どもは、お尻とおむつの間に出てきた柔らかいうんこを感触で感じとってゆきます。

子どもが歩行できるようになると、うんこが出そうな時に部屋の隅っこに行って、いきんでいることがあります。そんな時に母親はかわいらしいオマルとお人形を持ってゆき、「～ちゃん（人形の名前）はオマルでうんこをするよ」と言って楽しく誘ってみてください。この時に、お風呂マットのような、かわいい敷き物の上にオマルを置くと良いでしょう。うんこがすでに出てしまっても叱らずに敷き物の所でおむつ（トレーニングパンツ）をはずして、汚れたおむつの中のうんこが固形であるならば、うんこのみオマルの中に入れて、「～ちゃんのうんこはオマルに入ったね。おりこうね」と言って見せてください。お母さんにとってはオマルに一旦、うんこを入れるため二度手間になりますが、子どもにオマルのうんこを見せることによって、うんこはオマルでするものだという意味づけができてきます。

ほとんどの乳児が部屋の隅っこの限られた場所を自分で選んで、おむつ（トレーニングパンツ）の中でいきんでうんこをするのは、うんこは他人に見られない所でするものだと本能的に感じているからでしょうか。このことはトイレに対する意識の芽生えかもしれません。子どもがオマルを気に入ったら、おむつやパンツをはいたままで、オマル（清潔にしておくこと）に座って日頃遊びながら、なじんでおくのも良いでしょう。

オマルでうんこができるようになれば、部屋から徐々にトイレに近づけてゆき、トイレの中にオマルを置いてさせるようにしてゆきます。安心してトイレのオマルでできれば、トイレの工夫で述べたところを参考にして、トイレの便器でもスムーズにできるように進めてゆきましょう。

トイレの便器でスムーズにうんこが出たら、おもいっきり褒めて、水を流すのをごほうびとしてさせてあげると、うんこをすることへの動機づけになります。

便秘気味の子どもには

うんこはおしっこと同じように睡眠と食事の生活リズムが整っておれば、消化器系に異常がなく体調が悪くない限り、ある程度、定時に出るものです。食後にトイレに誘い、うんこをする習慣をつけるようにしましょう。

便秘ですと、いらいらして落ち着かないことがあったり、物事に集中できないことがあります。便秘がちになると、血液がスムーズに循環しませんので脳の働きに悪い影響を与えてしまいます。乳児の時から、そのような癖をつけないように気をつけたいものです。

便秘を防ぐには、もちろんバランスの良い食事を取ることが一番ですが、一つの方法として「赤ちゃん体操」をお勧めいたします。それは腹部のマッサージです。

① 子どもを肌着にして、仰向けに寝かせます。母親が子どもの顔の見える位置にいます。お母さんの手のひらで、子どものおなかをおへそを中心にして円を大きく描くような感じで、時計針の動きのように右回りにさすりながら、なでてあげます。七、八回同じようにしますが、子どもの右の上腹部あたりは肝臓の位置になりますから、お母さんは少し力を抜いてなでるように注意しなければなりません。

② 子どもは①と同じ姿勢です。お母さんの両手の手先を子どもの両脇腹を挟むようにしてから、おへそのあたりまで、斜めに持ち上げるようにし、子どものおなかがお山になるような感じにさせ、両手の先をくっつくようにさせながら、下腹と脇腹をマッサージします。便秘がちの子どもには効果がありますので、七、八回同じようにします。

※腹部のマッサージは食後三〇分以内は避けるようにしましょう。

便秘気味の子どもには、食後に牛乳やお茶をコップ一杯を飲ませてあげるといいでしょう。トイレで、もうすぐ出そうなのに出ない時には、トイレットペーパーをこよりのようにして、肛門をこすり刺激を与えると、すんなり出てくることがあります。体調が悪くない限りはできるだけ、薬による浣腸は避けましょう。

うんこは量や質を見ることによって、子どもの健康状態を把握することができます。もし、子どもが集団保育（療育）を受けているのならば、園の先生に、その旨を伝えておけば昼食への配慮をしてもらえるでしょう。

夜尿

夜尿の原因は、昼間の排せつが、まだ、おもらしの段階の子どもは心理的な原因のみとは考えられない部分もありますが、夜尿のほとんどが心因性のものが多いと思います。

私は幼少の頃、発達が遅れていました。そのため、両親は私の子育てに関して、お互いの意見が食い違うことがしばしばあり、喧嘩が絶えず、辛い思いをしながら過ごしました。言葉でうまく表現できにくい私は反抗もできずに、夜尿という形で両親に対して抗議をしていたのでしょうか。毎日のように地図の出来上がった布団が干してあったのを覚えています。中学からは家を離れ、東京の学校の寮に入りました。寮生活に入った途端に夜尿はぴたりと止まりました。今、考えれば中学から両親と離れ、威圧的な日々から解放され、抑圧から逃避できたことによって夜尿が止まったのでしょう。

夜尿が心理的な原因であることが私のケースからわかっていただけたと思います。夜尿のある子どもを持つ方は、今一度、親子関係を振り返り、子どもに辛い気持ちを与えたことを抱っこ法によって、子どもに素直に謝り、慰めて親子のきずなを改善されることをお勧めします。

排せつについて述べてきました。排せつの自立とはトイレのドアを開くところから、おしっこをして、ドアを閉じるところまでの動作の一つ一つが完全に自分でできることを言うのでしょう。しかし、これらの行動には着脱・清潔の課題も含まれていますので、子どもの発達の状況に合わせた排せつの自立で良いと考えます。トイレにおける一つの課題をマスターするにしたがって、目標をもう一つ設定して、少しずつ自分でできるようになれば、いいのではないでしょうか。

9　清　潔

子どもが乳幼児期に獲得してゆくための身辺自立における食事、着脱、排せつについて述べてきました。これらの三つの領域を身につけるためには、清潔感を身につけることなしには到達できません。子どもに清潔感を得させるには、常に親の関わりが大きなポイントになると思います。子どもの頭から足の爪先に至るまでの清潔に関することを考えてみましょう。

髪の毛

洗髪は頭にお湯をかけられたり、シャンプーが目に入ってしまうことで嫌がる子どもがいます。頭皮に汗をかいたり、髪もほこりをかぶっており、案外汚れています。洗髪をしないとかゆみを感じ、汚れた爪を立てて掻きますと傷ができて、ばい菌が入ることがあります。また、乾燥しているとふけが出たり、プールなどで毛じらみが感染することもありますので、清潔にしなければなりません。髪の毛をできるだけ短めで常にさっぱりした感じにすれば、洗髪の際もわりと簡単にできます。親の膝に横に寝かせて、親の手のひらにお湯をすくって子どもの髪にやさしく二、三回浸します。

シャンプー（界面活性剤無使用の物が良い）を頭皮に少し擦りつけてマッサージを二、三回しながら髪の毛全面に広げます。そして、おもちゃのじょうろを使って、お湯をゆっくりとかけてあげます。濡れた髪を乾いたタオルで水分を拭き取ってあげます。目をつぶれない子どもには乾いたミニタオルを目の上に置いて、お湯がかからないようにします。この方法でできるようになったら、徐々に一人洗いの形に変えてゆき、座って頭を前かがみにさせてあげます。子ども用のシャンプーハットが販売されているので、一緒に買い物に出掛けて、かわいらしい絵のある物を買ってあげ、楽しく導入してあげましょう。シャンプーハットはシャンプーの混じったお湯が目に入らないように流れるので、喜んでかぶってくれる子どももいます。

シャンプーに入っている界面活性剤は皮膚に浸透してゆきますと、皮膚に湿疹ができたり、内臓器官に障がいをきたすことがありますので気をつけましょう。

目

まつ毛は目に外部からの異物が混入しないように防御してくれます。しかし、運悪く目の中にまつ毛や砂ぼこりなどの異物が入ったりすると、涙が出て汚れを洗い流してくれます。子どもは目が痛いので、汚れた手で擦って、ばい菌が入り炎症させて眼球を傷つけて充血させてしまうことがしばしばあります。この場合は生理的に自然に涙を出せればいいのですが、出にくい子どもには、目にとって刺激の少ない子ども用の目薬を点眼して、目に水分を補給しましょう。本来、涙の役割は目の表面に潤いを与え、喉、鼻などの呼吸器官の粘膜の乾燥を防ぎ、バクテリアの感染を避ける働きをしています。

目やにの出やすい子どもは常に清潔にしてあげましょう。目やには涙液、皮脂、細菌繊維素の諸細胞群が混合し、粘液の分泌物になった物を言います。これらが炎症しますと結膜炎になることもあります。起床時に目やにがたくさん出て、すでに乾燥してこびりつき、目の開けられない子どもをたまに見かけます。そのような状態で目をこすりますと、目やにの凝固したものが目の中に入り眼球を傷つけることがあります。目やにの出やすい体質の子どもには脱脂綿をぬるま湯につけて、軽く絞り目やにの溜る涙腺の出口から目尻にかけて、やさしく拭き取ってあげてください。目やにによって生理的機能でもある涙を止めないようにしてあげましょう。泣いて涙を出すことは感情を表現することでもあり、とても良いことです。衛生面では涙が出た時には、きれいなガーゼで拭き取る習慣を子どもにつけさせてあげてください。

耳

　耳垢は皮脂腺と耳垢腺という分泌腺から出る垢が外耳道に溜ったものを言います。耳垢が溜ると外耳道をふさいでしまい、難聴や耳痛になることがありますから、常に清潔にしましょう。耳垢の量は個人差がありますし、耳の穴の大きさによっても違いがあります。耳の中の掃除は子どもを横向きにして親の膝に頰をのせて、耳穴が見える姿勢にします。そして、ベビー用の小さな綿棒を用いて、やさしくくすぐるような感じで耳垢を取ります。耳垢を全部取る必要はありません。こびりついている時には無理に取らずにメンターム（近江兄弟社）の軟膏を綿棒の先につけて、塗っておきますと乾燥した時にポロリときれいに固まりが取れます。

　いつも、耳垢が粘液のようになっていたり、大量に出る場合は専門医に相談しましょう。プールに入った後には耳の中の水分を、ドライヤーを軽くかけてできるだけ早く乾かしてあげましょう。そのままにしていると雑菌が入り込んで中耳炎や外耳炎を引き起こす原因にもなります。

　聴力について気をつけなければならないことを述べます。それは伝音性難聴です。乳幼児期には自覚症状があまりなく、親に訴えないために見落としがちな滲（しん）出性中耳炎という病気があります。

　早期に発見しないと難聴になる可能性があります。この伝音性難聴は聴能訓練や補聴器によって、聴力の改善をはかることが出来ます。子どもにとっては、お母さんの声が聞こえにくく、コミュニケーションに支障をきたし、聞き分けがなく、イライラして情緒的に不安定に陥っていることがあります。出来るだけ早く専門機関を訪ねられて、原因を把握し適切な関わりをしましょう。

鼻

風邪をひいていなくてもアレルギー性鼻炎で、いつも鼻水をたらしている子どもがいます。鼻水がしょっちゅう出ていると蓄膿症（鼻腔に炎症が起き膿が溜る）になる恐れがあります。蓄膿症をほうっておくと、頭が重く感じたり、鼻づまりや鼻水漏れによって、物事に集中して取り組むことができにくく物覚えが悪くなると言われています。ですから、鼻腔内をいつも清潔に保つために洗浄器で朝晩、洗う習慣をつけましょう。

いつも、鼻づまりが続くと口で呼吸する癖がつき、口を開けたままの格好が身についてしまいますから気をつけてあげましょう。

鼻水を拭いたり、かむ習慣をつけるために、身近な所にティッシュペーパーを置いておき鼻水が出たら自分でティッシュペーパーで取るようにさせます。子どもの発達の状況によりますが、鏡の前で顔を見ながら鼻水を拭くようにさせます。上手にできなくてもかまいません。そして、仕上げは親がしてあげ、「さっぱりして、お顔がきれいになったね」と褒めてあげます。かむのは片方の

鼻ふきかあさん（作詞・曲　松田ちから）

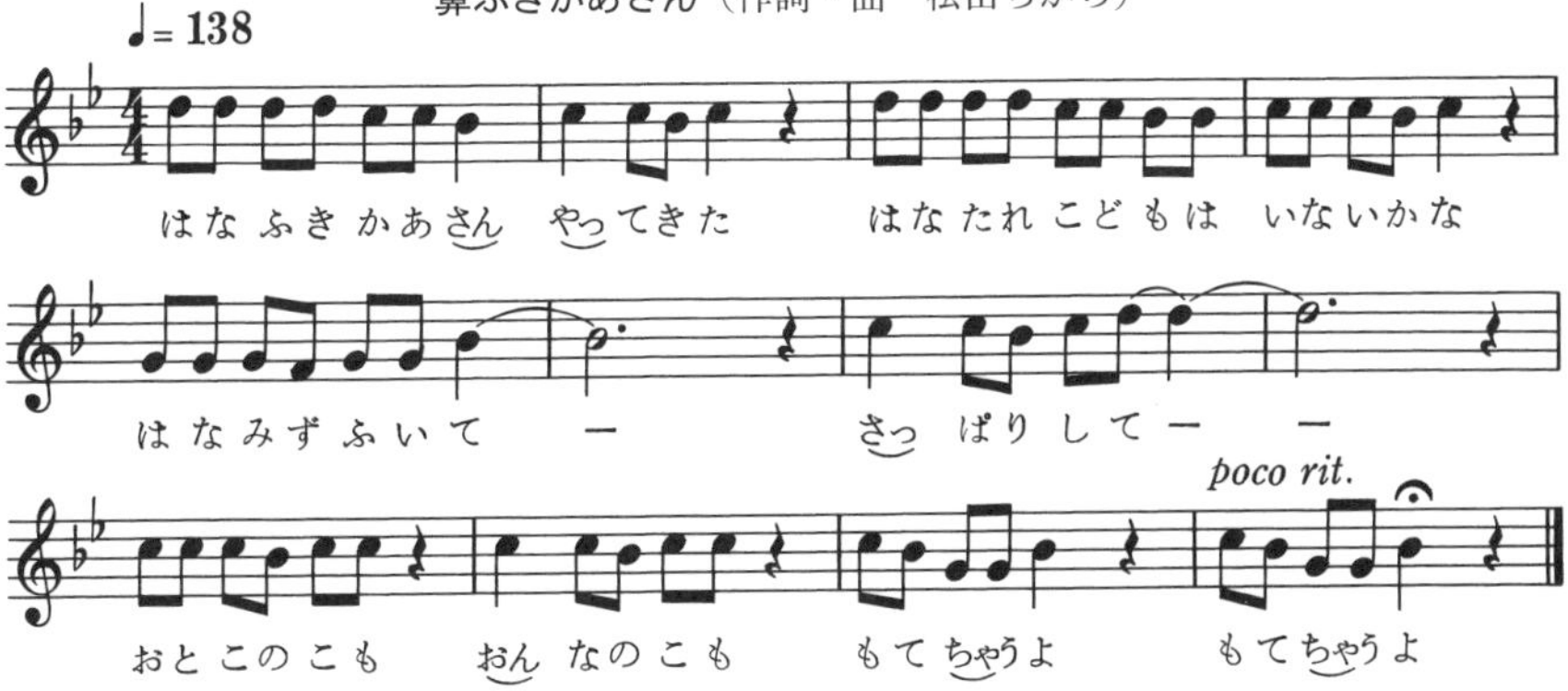
♩= 138
はなふきかあさん　やってきた　はなたれこどもは　いないかな
はなみずふいて　ー　さっぱりしてー　ー
poco rit.
おとこのこも　おんなのこも　もてちゃうよ　もてちゃうよ

鼻穴を軽くふさいであげ、もう一方の鼻穴から息を出すようにさせるのですが、子どもにとっては、なかなか難しい動作の一つです。ですから、あせらずに、親も鼻水が出た時に子どもの目の前でゆっくりかむところを見せてあげると良いでしょう。

鼻水を拭いても拭いても大量に出る場合は、乳児用の鼻水を吸い取るスポイトがありますので「お鼻の中をきれいにしようね」と言って、鼻水が出る気持ち悪さを知らせてください。手で拭いて服にこすりつけたり、なめたりはさせないように気をつけましょう。癖になると、なかなか直すことが難しくなります。鼻水をティッシュペーパーで拭いたら、子どもにティッシュペーパーをごみ箱に捨てさせましょう。「鼻ふきかあさん」の歌を歌いながら導入すると楽しいです。

よだれ

摂食機能の発達が順調に進んでいれば、六～八カ月にかけてえん下（飲み込み）もできるようになり、よだれはしだいに減ってきます。子どもは口で呼吸をすることが多く、口を閉じることが苦手です。また、摂食機能において、えん下が下手であるために、よだれが出てしまいます。指しゃぶりの癖のある子どもは、指しゃぶりによって口の中の水分を吸収し、よだれを調整しているようです。しかし、指しゃぶりをしないと、たらたらと、よだれが出やすくなるようです。そういう子どもは、口腔周辺の筋肉のバランスが状況に応じて、緊張したり弛緩するコントロールがうまくできないために、よだれが生じます。ですから、口の周りをマッサージで刺激し、よだれになる水分を溜めないように意識づけをします。また、口の中に水分が溜って、よだれが出ている時に、子どもに「口の中が気持ち悪いね。きれいにしてあげるね」と言って、スポイトで吸い取ってあげましょう。

よだれによる口の周りの濡れには乾いたガーゼを子どもに手渡して、自分で拭かせるようにしてください。いつも、べたべたの状態に慣れてしまうと平気になってしまいます。そこで、逆に、さっぱりしている状態を常に保つようにして、口の周りが濡れることは気持ち悪いということを、わかってもらえるように導入するのです。

よだれの多い子どもには、リップトレーナーによるトレーニングにより、口腔筋の機能訓練が出来ます。表情筋も活性化し、喘息、虫歯、鼻づまりの予防に効果があります。〔問い合わせ先……(株)パタカラ／東京都三鷹市下連雀3—42—18—301／TEL　0422-29-8192〕

むしばはないかい？（作詞・曲　松田ちから）

♩= 116
ア　ア　アア　ア　おくちをあけて　ハ　ブ　ラ　シ
くん　がきたよ　むしばはない　かい　(ないよ)

歯みがき

知的な遅れを伴う自閉傾向の偏食のある子どもは、歯ブラシを口に入れられるのを極端に嫌うことがあります。歯みがきは、自分で上手にできなくても、食後には歯ブラシとコップを使って、真似ごとでもいいですから、まずは習慣を身につけることをさしあたっての目標にしてもいいと思います。大人用の歯ブラシ一本、コップ一個、子ども用の歯ブラシ二本（子どもの口に合う大きさで柔らかい物にします。子どもが自由に使う一本と仕上げ用の一本）とコップ一個を用意してください。子どもの歯ブラシは子どもの好きなアニメの絵がついていますと楽しく導入できます。絵のない場合は、かわいい絵のミニシールを貼り付けてあげるといいでしょう。親子が鏡の前で一緒にすると、歯みがきの行動を子ども自身がモデルの通りに反復できているかがわかりやすいと思います。

①　まず、食後に親が歯ブラシで歯をみがくところとコップの水を口にふくんでブクブクパァーをして、水を出すのを子どもに楽し

く見せ、「ああ、気持ちいい」と言葉かけをします。子どもには歯ブラシを自由に持たせて、最初のうちは口にくわえるだけでも良しとします。歯ブラシに歯みがき粉をつける必要はありません。子どもが自分で口に入れるようになったら、褒めてあげ「仕上げは、お母さん」と言って、「むしばはないかい？」の歌を歌いながら楽しく歯をみがいてあげましょう。

② 子どもにコップを持たせ水を含んだら、すぐに子どもの鼻をやさしくつまみ、水を吐き出すように体験させます。

③ 子どもと一緒に鏡を見ながら水を口に含んだら、唇をやさしく押さえ（口は閉じたままに）ほっぺを膨らまして左右に動かし、パァーと水を吐き出すようにします。（親が見せて、子どもに真似させます。）

歯ブラシを嫌がる子どもには

子どもが歯ブラシを口に入れるのを嫌がる場合は、親が人差し指を歯ブラシのようにして、「ア〜」「イ〜」「オ〜」と口形を変えながら、歯をなでてみせます。そして、子どもも親の真似をして、自分の人差し指を歯に沿ってなでるようにさせますと、歯ブラシの動きのコツを覚えることができるでしょう。

自分の指も嫌がる子どもには、親は正座して膝と股の間に子どもを仰向けにして、後頭部をのせ

みがきやすい歯ブラシにもこだわってみては……。

コロコロブラシはローラー状になっている歯ブラシです。歯に合わせて横にコロコロと転がします。歯の間，歯周ポケットに唾液が飛び込んでキレイになります。舌をコロコロしてもいいです。

歯や歯茎を傷つけることもなく，歯垢の残留も少ないという効果が出ています。重度の肢体不自由の子どもさんにもお勧めです。

歯ブラシを嫌がる子どもには

て、片手で顎をやさしく保持して、もう一方の手に歯ハブシを持ちます。（前頁参照）

どうしても口を開けない場合は、頬を歯ブラシでブラッシングすると開けてくれることもあります。「ア～」と言って、親が口形を示して真似させて、口を開かせて子どもの歯を磨いてあげます。「イ～」「オ～」という順番で進めてゆきます。また、歯ブラシを汽車に見立てて「シュッシュッ、シュッシュッ、汽車ポッポ」と歌いながらして、楽しく磨いてあげましょう。そして磨き終わったら、必ず「いい気持ち」と言葉かけをしましょう。どうしても緊張が激しくて、口を開いてくれない子どもには、歯科医で扱っているゴム製のバイトプロップという開口器具がありますので相談してください。

歯及び歯ぐきの汚れがなかなか落ちにくい場合には電動歯ブラシやウォーターピックを利用されるときれいに食べ物のかすを取り除くことができます。

うがい

うがいをすることは子どもにとっては、とても難しいのですが、外出から帰ってきたら、親は子どもの前で、うがいをするところを見せてあげてください。風邪の病原菌は、喉の粘膜に付着して体内に入り込むことが多いので、いつも、喉を清潔にするように心掛けましょう。子どもが親のしているのを上手に真似できなくても、まずは習慣を身につけることから始めるといいでしょう。親はうがいする時に、子どもの好きな歌をメロディーにして聞かせてあげると、楽しくなり、自分でもやってみようと努力してくれて、少しずつ上達するかもしれません。

衣服を着替えていつも清潔に

汗をかいてシャツがびしょぬれになるまで、子どもにシャツを着せておくのはやめましょう。そのままにしていると、徐々に体が冷えてきて風邪をひく原因にもなります。子どもは新陳代謝が激しいので、シャツを替える時にミニタオルを子どもに与え、自分で拭くようにさせ、親もタオルで汗を拭き取って補助します。

食事時のエプロンは汚れたら一回で、洗濯するようにして、常に清潔な物を着用させましょう。どろんこ遊びをして、汚れた衣服を着替える時も、よく遊んだことを褒めて、家の中ではきれいな服にするようにしましょう。

顔を洗う

日頃、洗面器の中に発泡スチロールのような浮く物を使って金魚の絵を描いて、水面に浮かばせて、両手の側面をくっつけて金魚すくい遊びをしてみると、楽しく両手で水をすくうことができるようになると思います。

洗面器(銅製の物ですと殺菌作用があります)に水を入れて、両方の手のひらを少し丸めて、小指と小指の側面をぴったりくっつけて、水をすくいます。そして、顔を洗面器の方に近づけて、両手に入っている水をこすりつけて洗います。このような動作を三回は続けるようにします。まずは親がやって見せ、「さっぱりした」と言葉かけをします。子どもが両手の側面をくっつけることは難しいので、最初のうちは親が子どもの両手のひらの側面をつけるように補助しなければなりません。顔を洗うことができたら、子どもに両手のひらの側面をつけたままの状態のところにタオルをのせてあげ、顔を拭くようにさせます。洗面器はお風呂との兼用は避けて、洗顔用を用意しましょう。

手を洗う

子どもに、なぜ食前やトイレの後には、手を洗わなければならないのかを話しかけながら、手を洗う行動を勧め習慣づけましょう。水道の蛇口はまえもって、少し緩めにしておきます。そして、子どもが自分で蛇口を開いて水を出すようにさせます。大量に水が出ないように親が調節します。水を手につけてからクレヨン石鹸（玩具店に夏のシーズンにある）を用いて、手のひらの間に石鹸を挟んでこすりつけ色をつけます。そして、石鹸をケースにもどして、手の甲や指の間、手先から肘にかけて石鹸の泡を広げてゆきます。子どもが一人でできにくい時には、手の上からカバーして補助します。水道の水を流し、手についた色を落とすことによって、手がきれいになったことを子どもにわからせてあげます。そして、「手がきれいになったね」と言葉かけをします。次に水道の所で手を少し振って水を切らせるようにします。

タオルかけを水道の近くに設置しておき、タオルがはずれないように固定しておきます。タオルを少し持ち上げて、片手ずつタオルに包み込むようにして、手のひらと甲の濡れたところを交互に拭き取ります。

お風呂

お風呂は子どもにとって解放感があり、好きな物のひとつだと思います。親子のスキンシップを深める格好の場でもあります。三歳ぐらいまでは親がきれいに洗ってあげてもいいと思いますが、いつも子どもの前で親が自分の体を洗うのを必ず見せてあげましょう。体の部位を子どもの好きな歌を替え歌にし歌いながら、石鹸をつけたタオルでごしごしと洗ってあげると楽しくなるでしょう。浴槽に入る時には、必ず、足、尻、股間をきれいに洗って入ることも身につけましょう。

子どものタオルはミニタオルにスポンジを包み込んで、縫い付けます。そして、手のひらで握って使うのですが、石鹸ですべらないように、手の甲の部分の所にゴムバンドがくるように縫い付け固定します。

お風呂のうた（作詞・曲　松田ちから）

♩＝104
おふろにはいって　からだをあらおう
ジャブジャブジャブ　ジャブジャブジャブ　ジャブジャブジャブ　ジャブジャブジャブ
まあきれいになっちゃって　ピカピカ
Fine
ゴシゴシゴシ　ゴシゴシゴシ　ゴシゴシゴシゴシ　ゴシゴシゴシ
D.C.

性器周辺や肛門は自分のタオルでこすって洗うようにしますと、排せつの時にも、トイレットペーパーを上手に使って拭けるようになります。

プラスチック製で濡れてもかまわないキューピー人形など用いて、子どもに「お人形さんのおなかを洗ってあげようね」と言って遊びながら、体を洗うことはきれいになることだという意識を育ててゆきましょう。

親子で向かいあって、お互いにタオルを持って順番に、ごしごしと「お風呂のうた」を歌いながら洗ってあげると、とても楽しくなるでしょう。

爪切り

爪切りを親がしている所を子どもに見せて、さっぱりしたことを教えます。乳児の爪切りは御機嫌の良い時や、お風呂の後にすると爪が柔らかいので切りやすいです。乳児には乳児用の爪切りばさみを用いるといいでしょう。子どもによっては、手先に力が入ってしまう子どもがいますので、指遊びなどをして、リラックスした状態でしましょう。子どもが嫌がるから、子どもが眠っている間に爪を切ってあげる場合がありますが、一歳すぎたら、親の膝に座らせて手の爪を切ってあげましょう。手指の動きに意識させるように心がけることが大切です。

爪が長いと汚れが爪の中に入ってばい菌の住みかになり、不潔になりますし、ひっかいて皮膚を傷つけたりします。また、足の爪もあまり長くなると靴を履く時に痛くなり、靴ずれを起こす原因にもなりますので注意しましょう。

子どもによっては傷口がいつも気になり、傷が治りかけて、かさぶたになっているのを爪でかいてしまい、なかなか傷跡がきれいにならないことも、しばしば見かけます。ですから、傷口を一日に二回は消毒をして昼間はカットバンをつけて、できるだけ傷に触らせないようにしましょう。しかし、傷口にいつもカットバンをしていますと、蒸れて化膿することがありますので、子どもの就寝中ははずしてあげましょう。

手足の爪を二〇本をまとめて切ることができればいいのですが、子どもが、じっとしておられず落ち着きのない時には、右手、左手、右足、左足の四回に分けて爪切りをしてもいいと思います。

身辺自立は清潔が鍵

親はいつも子どもの清潔面に配慮しながら、子どもの身辺自立へ向けて、共に生活してゆくわけですが、決して神経質になる必要はありません。あまりにも親が、清潔面に対して、ぴりぴりしていると子どもにも精神衛生上良くなく、かえって落ち着きがなくなり、潔癖症に陥って社会への適応が難しくなる場合もあります。ですから、その点には気をつけて子どもと関わるようにしてほしいものです。

子どもにとっては、自立に向かって、たくさんの課題があると思います。しかし、自立とは「健常」者と言われる人たちの経済思考に合わせてゆくことではなく、一人一人に与えられた自己決定権のもとで（いくつかの選択できる環境設定を整えてあげる）一生涯に課せられたもので、タイム・リミットなどはありません。

ですから、子どもにあった目標を掲げてあげ、軌道修正をしながら、一歩一歩あせらずに地道に家族の者に協力を得ながら、最善を尽くしてほしいと思います。

コロナやインフルエンザ等の感染症の流行で目に見えないウイルスと闘いが続いています。子どもには感染対策として、手指の消毒や飛沫感染予防のマスク装着は理解が難しいこともあります。健康保持のために日頃から、当たり前のこととして清潔衛生面に配慮しながら習慣化しましょう。

10 睡眠

人にとって眠りは生命を存続してゆくうえで、一日のリズムに組み込まれた不可欠なものです。子どもの中には睡眠が不規則になり、夜中にごそごそ起き出して親を困らせることがあります。夜に十分に睡眠をとっていないために、昼間に不機嫌になり行動に混乱が生じてパニックに陥ることをしばしば見かけます。このように生活リズムが昼夜逆転してしまうと体内時計（自然界の周期とは異なった人間に備わった体内に独自のリズムを刻む機能を言います）が狂ってしまい、元に戻すことが非常に難しくなります。

眠りの習慣は乳幼児から規則正しく、身につくように生活のリズムを整えてあげる配慮が必要です。「寝る子は育つ」という言葉がありますように、乳幼児期の睡眠は脳の発育にとって、最も密接に影響を与えるものの一つであり、記憶や学習にも重要な役割を果たしています。

一時期、睡眠学習が脚光を浴びました。しかし、睡眠について研究する学者に言わせれば、まったく効果はなく無意味なことであると提言しています。

眠りには、どのような働きがあるのでしょうか。もし、人が眠りから覚めた時に、今までの記憶をすべて忘れてしまい、一日毎に記憶を消去してしまったら、現代のように文明は発展しなかったことでしょう。

脳には眠らせる脳の働きによって、眠る脳があることが理解できます。眠らせる脳は、一日の疲れている体をゆったりと弛緩させてゆきます。そのことによって、眠る脳は体の活動及び中枢神経系を調整するために、休息せよとの指令に従い眠りに入ります。

眠りには二つの睡眠がある

眠りにはレム睡眠とノンレム睡眠があります。レム（rapid eye movement）睡眠とは急速眼球運動のことを言い、英語の頭文字を取って名付けられました。レム睡眠では、体の筋肉は緩みぐったりします。そして、眼球はすばやく左右に動き、脳はうつろでぼやけた感じの状態になります。この時に脳は酸素を消費し、脳への血流が増加します。そのことによって、視交叉上核（眼球の後部にあり、食欲、体温、睡眠を調節する）が体内時計の役割を果たすために活動を始めます。レム睡眠は入眠と目覚めの時に、本当の眠り（熟睡）の入口と出口の働きをしていると言っていいでしょう。

ノンレム睡眠とは深い眠り、つまり、熟睡を意味します。脳の状態は大脳の機能を休息させることによって、意識を一時的に消失させ、多少の物音や光などを完全に遮断してしまいます。そして複雑な脳の神経回路が再び正常に活動できるようにするために、回復調整をはかっています。具体的にはウィルスによって風邪をひき、熱が出た時など、熟睡によってウィルスをやっつけ免疫を強化します。また、精神的なストレスを和らげる役目も果たしています。

乳幼児にとって睡眠とは

新生児の眠りの三分の二はレム睡眠であり、脳の発育に欠かせない重要な睡眠です。つまり、よく眠ることが知能の発達に良い影響を及ぼしているのです。

乳幼児の睡眠時間は一日の半分から三分の二を占めています。視交叉上核の働きによって乳児は本能的に生きています。おなかがすけば目を覚まし、満腹になれば眠りに入るという繰り返しを続け、脳を整備しながら、神経回路網を構築してゆくのです。新生児は生後三カ月頃になると睡眠の昼夜差が認められるようになり、成長ホルモンの分泌も始まり成人とは違った体内時計が出来上がります。

レム睡眠には、覚醒時に得た情報を整理して必要なことだけを記憶として脳の海馬にインプットさせる役割をこなしているのです。

乳児のレム睡眠は発育とともにしだいに減ってゆきます。幼児期になると深いノンレム睡眠（熟睡）の量が最も多くなります。この熟睡時には下垂体から成長ホルモンが大量に分泌され、筋肉と骨を成長させます。

乳幼児の睡眠を適切に取れるように環境を整えてあげることが、子どもの発達にとって大切なことなのです。

眠りに必要な栄養素とは

人が眠りに入る時に、脳下垂体とともに間脳に付属している小器官である松果体が光を受容しなくなり、神経伝達物質のセロトニンがメラトニンに変えられます。そして、人には眠気を増進させてゆく働きがなされます。このことは、セロトニンの量が減少しますと人は眠れなくなるということです。そして、情緒が不安定になり、イライラすることが多くなり、パニックに陥ることもあります。このセロトニンが脳内に見合った量であれば、昼間は円滑に活動できます。そして、うまくセロトニンが抑制されますと、心地良い睡眠が誘発されます。

眠りに関与している神経伝達物質のセロトニンが正常に働くためには、どのような栄養素を食事時に摂取すればいいのでしょうか。それは、ビタミンB_1の豊富な胚芽つきの穀類、豆、豚肉とビタミンB_{12}の豊富な牛レバー、チーズ、鶏卵、魚介類等を十分に食べることで改善されます。ビタミンB_1が欠乏しますと、よく眠れずに興奮しやすくイライラして記憶力が鈍ります。そのために、眠りに密接な神経伝達物質のセロトニンを順調にメラトニンに変える分泌作用が滞るのです。

眠れない夜には

子どもの睡眠が不規則であることには、食事摂取内容も影響していることがわかっていただけたと思います。たとえ、食事摂取内容が改善されて、子どもが食べられるようになったとしても、すぐに眠れるようになるとは限りません。大人でも眠れない夜があるのですから、子どもの気持ちもわかってあげることが大切です。

眠れない理由には環境的なこと、心理的なこと、生理的なことなど様々あると思います。子どもにとっても、いろいろな悩みや不安があって、なかなか眠れない場合もあるでしょう。また、逆に子どもによっては辛さから逃避して、あらゆる刺激から遠ざかろうと眠りに入る子どももいます。

子どもが夜泣きで、何か不安があって泣いている時には、父親にも協力を求めましょう。子どもを横抱きにして、優しく左右に揺らします。そして、いろいろな童謡をささやくように歌って、母親と父親がしりとり歌合戦をし交代しながら、ゆったりした態度で子どもと接してみてください。抱く時はできるだけ、子どもの耳あたりを親の心臓の鼓動が聞こえる位置にしてあげてください。そのことによって、子どもはしだいに落ち着いて安心し、再び眠りに入ることもあります。

またはハンモックに寝かせて、やさしく子どものおなかに親の手のひらをのせて、ゆっくりと揺らしてあげることもいいでしょう。そして、子守り歌や、オルゴールを流してあげると一層、眠りを誘うでしょう。胎教をされていた方は、胎児の時に聞かせてあげたクラシック音楽を聞かせたり、脳波にアルファー波の出る安眠に導く音楽も聞かせてあげると効果も上がります。

眠りを誘うものにはお風呂が良いと言われています。入浴をさせると、なぜ、寝つきが良くなるのでしょうか。それは、入眠時の体温調整がお風呂効果によって、うまくコントロールされるからです。

子どもが眠る時にリラックスできるように、寝る前に子どもの選んだ好きな絵本を読んであげたり、添い寝してあげることもいいでしょう。また、子どもの寝る部屋の気温や光、そして音などに配慮し、環境を整えてあげることによって、子どもも安心して眠ることができるのではないでしょうか。

コドモの眠りの成長

生後四週目頃の赤ちゃんは、おっぱいやミルクのほ乳瓶を吸いながら、満足した表情でおなかも満たされ、うとうとして眠り出します。目ざめて、おむつを替えてもらっても、泣きが続く場合は授乳を求めていることもあります。一日に四～五回に分けて、たっぷり眠ります。

生後二八週頃の赤ちゃんは体内時計が確立されてくるのと、食事時間にもリズムが出てくるために、夕食後には、すぐに眠りに入ることが多くなります。よほどのことがない限り、一二時間前後眠り、よく睡眠をとっているために目ざめもすっきりしています。

一歳前後になり、眠れなくて泣く赤ちゃんには、母親が抱っこして左右に軽く揺らしてあげると脳の方も休まり、わりと早く眠りにつけるようになります。

一歳半になりますと、好きなおもちゃをおふとんに持ち込んで、ひとり言を言いながら遊んでいるうちに、眠りに入っているコドモもいます。しかし、コドモによっては遊びに夢中になってしまい、眠りの態勢に入りにくくなるコドモもいます。このような場合の対応を母親はうまくしないと、かえってコドモをぐずらせることになり、このような状態を長びかすこともありえます。ですから、好きなおもちゃがあると、コドモは安心して眠ることができるということを理解してあげましょう。おもちゃを枕元においてあげ、寝かせてあげ、たとえば、ぬいぐるみの犬であれば、「ワンちゃんと一緒におふとんに入って、仲良くねんねしようね」とお話してあげるといいでしょう。

ベビーベッドで寝ている乳児は一歳半を過ぎたら、コドモをベビーベッドから開放してあげましょう。そして、コドモ用ベッド、もしくは布団を敷くようにして、おもいっきり寝がえりができる環境に整えてあげましょう。

二歳近くになりますと、眠ることに少々不安を感じ出し、最も身近な母親におしっこだと言ってトイレに誘ったり、おもちゃなどを要求し、寝るまでに時間がかかるようになります。コドモの不安を取り除くためには、楽しいできるだけ短めの絵本を、添い寝しながら読んで見せてあげるといいでしょう。そして、コドモがいざ寝る時になっても不安があるようでしたら、豆電球をつけたり、少し戸を開けておき光が差し込むようにするのもいいでしょう。

二歳半頃には親が起きているのに、なぜ自分だけが眠らなければならないのという感じで、もっと遊んでいたいという要求も出てきます。寝るまでの手順にこだわりだしますが、その支度に母親はコドモにまどわされずに一貫した関わりをやり通しましょう。この頃にはお昼寝の時間をだらだらと長びかせると、夜に寝る時間になってもスムーズに寝つけないこともありますので、昼寝は長くても二〜三時間にとどめましょう。

乳幼児期には昼寝は欠かせないもので、生活のリズムの中に自然な形で組み入れられています。コドモは昼食後、しばらくして眠気を感じることがあります。それは、体内時計に備わっているリズムのパターンが築かれているからです。

一歳半から三歳にかけて、指しゃぶりが最も眠りと結びつきが深いと言われています。指しゃぶりが眠りの入口のおまじないでもあり、コドモ自身が誘眠するためのコントロール機能と考えていいと思います。

三歳を過ぎたコドモは、大好きなぬいぐるみやお人形と一緒であれば、ほとんどのコドモが安心して眠れるようになるようです。ベッドや布団の場所をバスや電車に見立てたり、手作りの布団や毛布カバーにコドモの好きな物を絵柄にしてあげると、眠りの導入が楽しくなるでしょう。

三歳頃には親に夢の内容をたまに伝えてくれるコドモもいますので、真剣に耳を傾けて聞いてあげましょう。また、この頃のコドモはお昼寝をなかなかしたがらなくなります。母親は無理をせずに自分も休憩をするつもりで、ゆったりした気分でコドモとのスキンシップの時間と考えてみるといいでしょう。たとえば、「やきいもごろごろ」を一緒にしたり、親は仰向けに寝ころがり、コドモを上に寝かせて、くすぐりごっこをして楽しむのも、きっとコドモは喜んでくれるでしょう。

四歳になったら寝る時間を知らせるために、コドモの好むかわいらしい動物のめざまし時計を鳴らして教えてあげましょう。そして、寝る前にコドモと一日の出来事をお話したり、コドモの選んだ好きな絵本を読んであげましょう。

目覚めの時も、コドモの好きなめざまし時計で起こしてあげましょう。コドモによっては目が覚めて、すぐに起き上がるコドモもいますが、目覚め直後は、しばらく睡眠後の余韻を楽しんで、ごろごろしたいコドモもいることを理解してあげてください。この余韻は一五分ぐらいあれば、十分でしょう。寝起きの悪いコドモは、たとえば、動物さんを起こすとめざまし時計のベルが止まる物を準備して、「くまちゃんが起きたから、〜ちゃんも起きましょうね」と声をかけてあげると楽しく起きることができるでしょう。そして、朝食は起床してから三〇分後が最も体には良く、体温を上昇させて完全に体も目覚めさせることができます。

四〜五歳になったら、日中は体をおもいっきり動かしていれば、夜は疲れを取るために睡眠を通して休息することができるでしょう。幼児の運動で最も体全体を使うスイミングを日頃、取り入れていれば、夜にはぐっすり眠ることができると思います。

乳幼児における眠りに対する変化を簡単に述べてみましたが、あくまで一般論です。ですから、眠りにおいても一人一人個人差があります。

睡眠は米国科学誌サイエンスの論文の発表によりますと、記憶や学習に重要な役割を果たしていると述べています。乳幼児にとっては体の緊張と弛緩のバランスが状況に応じてうまくコントロールできることによって、生活のリズムを安定させる睡眠が可能となります。

子育てにおいて、睡眠、食事（内容・量）、排せつの三つの行動のバランスが整っていれば、脳の働きも活性化し、子ども自身も楽しく順調な発達が保障されることでしょう。

病気の時には

風邪は万病の元と言われるように、たいしたことないでは済まされないこともあります。ですから、コミュニケーションの取りにくい子どもは、常に体調を見守ってあげましょう。

子どもには、体調の悪い時はぐずって機嫌が悪くなり、判断しやすい子どもから、熱が出ていても元気よく駆けまわって平気で過ごしている子どもまで様々です。後者の子どもは、ぐったりした時には症状が悪化していることもあります。

熱が高くて発作を誘発することもあります。また、インフルエンザの後遺症で脳炎になったケースもあります。

平熱は子どもによって個人差がありますが、高めの子どもでも平熱より一度以上ある場合は、体はだるいはずですから要注意で、主治医に見てもらう必要があります。

最近は冷暖房完備や地球環境の汚染によって、気候が不順となっています。そのことによって、体温の調整をコントロールすることがうまくできない子どもが増えています。ですから、親は換気や衣服の調整をしてあげるように心掛けましょう。

主治医から薬を貰ったら、薬を与えられている期間は「安静にせよ」ということですから、園や学校は休ませた方がいいでしょう。たとえ、元気になったとしても、薬で病原菌を抑えており、効き目のある時間帯を過ぎると、体調が崩れることもしばしば見られます。

つまり、薬の服用期間は家庭でゆっくりさせて、子どもにとっても精神的にリラックスできるようにしてあげましょう。

医師から薬を貰っても飲むのを嫌がる子どもがいます。子どもに薬を飲む目的をわかりやすく、抱っこして話してあげることが大切です。それでも応じられず、熱が下がらない場合の処方の一つに、梨の果汁があります。梨がある季節に梨を擦りおろします。そして、梨の果汁をたくさん作り冷凍にしておくといいでしょう。梨の果汁は解熱作用があります。

お母さんも子ども時代に病気の時に思う存分、親に甘えて介抱してもらった経験があると思います。きっと、子どもの体の中の悪い病原菌は、お母さんの愛情には降参して、愛する子どもの体から逃げていってくれることでしょう。

11 多動な子どもと落ち着きのない子ども

発達に心配りを必要とする子どもには、多動であったり、落ち着きのない子どもがいます。多動と落ち着きのないという言葉をあえて二つに分けて掲げたのは、概念に大きな違いを持っているからです。具体的には知的な遅れを伴う自閉傾向のある子どもの中に多動の症状のある子どもを見かけます。ＬＤ・ＡＤＨＤと言われる子どもの中に落ち着きのない子どもを見かけます。この違いは、どこに現れるのでしょうか。前者の知的な遅れを伴う自閉傾向の子どもは、他者とのコミュニケーションが取りにくいのですが、後者のＬＤ・ＡＤＨＤの子どもはコミュニケーションが取れます。このことから、多動と落ち着きのないという表現を分けて考える必要があると思います。

多動とは、現象面でとらえると無目的に行き当たりばったりで、うろうろする行動であり、自分の意思とは関係なく不随意運動のような行動を言います。人の行動を心理学の立場から言えば、たとえ、多動な行動であろうとも、その人にとっては必ず意味のあることだと思います。

落ち着きのないとは、目的を持った行動はできますが、その物事に対して集中して取り組めず、飽きてしまい長続きしないことを言います。そして、他の目的を持った行動に移行してしまうことを言います。

この二つの行動の意味は異なっていますが、原因にはつながっているところがあります。それは食事の摂取内容及び環境の要因そして、脳の機能不全によって情緒に不安を生じさせることです。

子どもは情緒の不安定な時に、何を考えているのでしょうか。子どもに落ち着きたいという気持ちが必ずあるのです。しかし、多動や落ち着きのない子どもは不安があることによって、どうしても体が緊張状態で、かえって体を動かしていないと精神的に落ち着かない状況に追いやられているのです。そのことによって、どっしりと構えているには、どのようにすればいいのか、すべを知らなかったり、脳の機能不全によって、その場の環境に合わせた行動を取ることに困難さが生じていると考えられます。

心身の落ち着きを取り戻すには

子どもたちの心身の落ち着きを取り戻すには、いくつかの心理療育技法によっての改善が望まれます。子どもの心の辛さを受けとめて親子のきずなを深める抱っこ法、本来の子どもの自然な姿を受け入れながら、子どものペースに合わせ共に遊ぶインリアル・アプローチ、親子のタッチングを中心にスキンシップを交えながらの愛着*形成プログラム、子どもの気持ちを尊重しながら、運動・

言語・認知発達を促すＩＢＲＭ療育技法*があげられます。

これらの療育技法を用いて、子どもと関わることによって、子どもとのコミュニケーションにおいては、まずは視線が合うようになります。そして、しだいに物事に対して関心を示したり、模倣ができるようになったり、簡単な指示に従えるようになり、行動に落ち着きが見られ出します。

子どもに情緒が改善されてきましたら、前述の技法で子どもの心理面に配慮しながら、ポーテージ早期教育プログラムやＴＥＡＣＣＨプログラム等を活用するといいでしょう。その他に随時、サーキット・トレーニング（遊具を用いて運動課題を順序立てて進めてゆく）も取り入れて、目的のある行動を促しながら、たまにはパターンを崩し、遊具のセッティングを組替えて、いろいろな環境設定においても子どもが楽しく遊べるように試みることが大切です。

＊愛着形成プログラム

行動療法を基礎理論とした、いくつかのプログラムがあります。しかし、知的な遅れを伴う自閉傾向や神経発達症と言われる子どもは、多動や落ち着きがないためにコミュニケーションがうまく取れず、なかなか対応できにくい問題があります。

ロバート・ザスローは行動療法のプログラムには批判的です。「行動療法は末梢的な行動変容であり、生体の内面的な状態を無視している」と言っています。そのような観点から、松田は愛着形成プログラムを考案し、行動変容の基礎となる内的均衡状態の転換をめざし、学習する前段階の課題を親子で取り組めるように、五ブロックの二五項目にプログラム化し、評価基準を設けて作成しました。

愛着形成が始まる生後六、七カ月に人見知りがない乳児には、あまり泣かない、ほほ笑まない、おっぱいを吸う力が弱い、抱きつく力が弱い、視線が合わない等、五つのポイントがひっかかっており、幼児期に入っても母親とのやりとりで模倣することが難しかったり、人物に対しても注意力が弱かったりで、そのことによって簡単な指示にも従いにくくなっています。子どもは本来、母親の愛情のもとに、スキン・シップによって甘えながら徐々に母子分離し、自我を確立し自立へと成長してゆくのですが、そのことが、うまくできない子どもの為に、このプログラムを開発しました。母子関係の改善によって、まず情緒が発達し、他の領域にも目に見えて心身の発達が促されることを願っています。

では、具体的な説明を簡単にしてみます。このプログラムはオリジナルの歌を中心に、言語の基礎である発声のしやすい状況に導き、母子のタッチングを通して感覚機能をおおいに用いて情緒の改善を図りながら発達を促す目的で構成しました。歌いながらしますので、子どもの乗りが全然違いますし、大人も楽しく歌えば心が弾み、ゆったりした気持ちで関わる事ができます。子どもの発達の状況に合わせて、子どもの好きな身近な物を用いたり母子分離ができ始めた子どもには父親にも参加してもらう課題もあります。このプログラムは大人がリードして行うのですが、心にゆとりを持って、あせらず、子どものペースに合わせてするように心がけます。課題をする前に必ず一度は歌いながら今から行う内容を子どもに言葉で伝えて誘導します。

Ⅰブロック＝①あまえん坊：保護伸展　②手を出して：模倣　③お風呂：触覚刺激　④りんりんりん：両脚交互屈伸　⑤すべり台：背面抱き保持

Ⅱブロック＝⑥コアラのマーチ：抱きつく力　⑦すわろ：自己認知　⑧コチョコチョしましょう：触覚刺激　⑨いないないばぁ：注視行動　⑩ギッコンバッタン：前庭感覚

Ⅲブロック＝⑪ひっぱれグイ！：噛む力　⑫パパとママ：言語課題　⑬ぶらんこ：前庭感覚　⑭ボールころころ：運動コミュニケーション三項関係　⑮おさんぽ：手の把握

Ⅳブロック＝⑯あやつり人形：固有感覚、ラテラリティー　⑰うさぎさん：二者関係　⑱水遊び：首保持　⑲なんでも食べる子：偏食矯正　⑳ふわふわ風船：三項関係

Ⅴブロック＝㉑赤ちゃんになって：母子愛情確認、限定抱っこ法　㉒テレビの中は誰かな：自己認知、表出理解言語　㉓ハイ！つかまえた：やりとり遊び、背後軽く保持　ＩＢＲＭ療育技法の前提学習＝㉔輪をかざろう：注視、微細協応　㉕頭にかぶろう：集中力

愛着形成プログラムの具体的な内容は、拙著のイラスト解説・ＣＤ付き『１歳からの子どもの発達を促すタッチングケア』（合同出版）に紹介されています。

愛着形成プログラムがすべて合格終了すれば、次の段階でＩＢＲＭ療育技法に進みます。

＊ＩＢＲＭ療育技法

ＩＢＲＭ療育技法は行動療法、深層心理学、言語心理学、遊戯療法、食事療法等をおおいに参考にした上で、松田なりにオリジナリティーのある技法へと開発したものです。では、ＩＢＲＭ療育技法を簡単に説明してみます。

ＩＢＲＭ療育技法の基本理念はInfants are Best Raised by their Mothersです。乳幼児は母親によって最も良く育つという意味です。当たり前のことですが子どもが初めて出会う人は母親であり、母親の子育て環境（父親のサポートを得ることが大切）は子どもの発達におおきな影響を与えます。その母親が子どもと関わる中で最も細心の心配りをすることは何でしょうか。ＩＢＲＭ—Hugging Encouragement とＩＢＲＭ—Nutritional Meal Education ということになります。つまり、母親が子どもとタッチングをしっかり深めることにより、心の安定が保たれ情緒の発達が良く、母子のきずなが結ばれ愛着が形成されます。そのような母親であれば、当然、身体の発達も考えて、子どもにとって、より良い食事を与えてあげられるように努めるでしょう。母親が常に心理面と栄養面に配慮して、愛情を持って子どもと関わっていれば、ＩＢＲＭ療育技法の基本理念は成り立つのです。

ＩＢＲＭ療育技法の具体的な説明を簡単にします。※Ｃは子ども、Ｍは母親、Ｔは先生一般的には子どもが行うプログラム課題は子どものみに与えられて進めてゆくものがほとんどですが、このＩＢＲＭ療育技法では大人（先生・保護者）にも必ず、子どもと同じ教材があり、お互いに模倣学習を通して課題に取り組むように設定されています。このＩＢＲＭ療育技法では、模倣することで必ず正答することが出来、課題を終え達成感を味わうことで学習への意欲も高まる方向へ導かれる目的で構成されています。

Initiative Development and Imitation Training by Card Threading（ＩＢＲＭ―Threading Exercise）→ＣはＭの膝に抱かれて机に向かい合ってＴに挟まる形を取ります。Ｃが主導権を持ち選択した教材を紐に通し、ＴはＣを模倣して同種の教材を紐に通します。終了後Ｔが主導権を持ちＣに同じ教材を一つずつ外すように指示し、Ｃは模倣して正答を必ずマッチングし、認知学習をします。※教材は子ども用と大人用に同じ物を二組準備します。ＣはＴの膝でＭと向き合う時もあります。

ＩＢＲＭ―Stacking Exercise→方法は前述と同じです。言語及び数概念課題のため、棒を用います。Ｔの主導権時に積み重ねたカードを通した棒をひっくり返す必要があります。

Initiative Development and Imitation Training utilizing Physical Exercise（ＩＢＲＭ―Physical Exercise）→行動とは遊具カードの選択、運動とは遊具による活動を言います。方法は認知学習と全く同じで、体を動かすことが中心の課題となります。前半はＣが主導権を持ち、行動運動をした内容カードを順番に棒に通し、ＴやＭはＣの運動を模倣します。五種類を終えたらＴやＭが主導権を持ち、Ｃの行動運動をした内容カードを順に棒から外す毎に見せ、ＴやＭが運動をしＣに模倣反復させます。

ＩＢＲＭ―Incentive Encouragement →Ｃが課題に応じた時に強化子（ごほうび）を与えます。大豆プロティンや海老カルシュウム・ごま等の成分のクッキー（レシピは『子どもの発達を促すタッチングケア』（合同出版）に掲載）そして、レシチンミや植物系ミネラル入り豆乳ジュースを飲食し、脳の働きを活性化させます。ＩＢＲＭ―Music and Voice Exercise →α波誘発装置でクラシック音楽のリラックスマッサージや課題の名称言語をＭやＴの音声により、集中してヘッドホーンを通して聞き取る力を養います。ＩＢＲＭ―Calculation Exercise →繰上げ繰下げ計算を特製リング計算器で手指を充分に使って学習します。※写真をご覧ください。

この特製リング計算器の完成に至る前段階に、二○数年前に発達支援をしていた自閉傾向のある子どもの保護者から、子どもが計算を出来るようにしてほしいという依頼を受けました。この時に考案し製

作した物が「10までの加減のリング計算器」でした。半年間、リング計算器を使い実践をしたところ、その子は足し算・引き算の暗算も出来るようになりました。その後、新たな特製リング計算器も使い繰上がり、繰下がりの計算を楽しみながら徐々に覚えていきました。また、他の数人の子どもたちにも実践を重ね、確かな効果を実感したことから、大学の「障がい児保育」の授業の実技指導にも、このリング計算器を使うことにしました。学生たちも、その効果に納得して取り組んでいます。

やり方などについては、文章のみでは理解が難しいと思いますので、ここでは省略します。詳細を知りたい方は、ご連絡をいただければ、資料及びDVDを送付し、具体的なやり方を電話等で説明をさせていただきます。〔TEL 090－1328－0249〕

多動や落ち着きのない子どもの子育ては父親の協力が不可欠

子どもと関わる前に、子どもが多動であるのか、それとも、落ち着きがないのかを観察したうえで、子どもとの対応に配慮しなければなりません。多動であるならば、食事の摂取内容と子育て環境のチェックをし、まずは子どもがリラックスできる子ども中心の生活を取り戻しましょう。現実は、とても難しいことであり、家族の協力と強い決意が必要です。

一般に子育てに携わるのは母親が中心になりますが、多動な子どもを育てるには、父親の精神的な支えがあってこそ子どもの成長につながってゆくのだと思います。

子どもと接する中で母親は、子どもが多動なために、いろいろな場面に遭遇する時があるでしょう。そんな時に、母親は「もし自分がまったく言葉の通じない国へ、一人で行ったなら」と仮定してみるといいでしょう。そのことによって、子どもの気持ちがわかり、母親自身もリラックスでき、気分転換にもなるのではないでしょうか。そして、子どもの行動を許す心のゆとりも出てきて、いつも、子どもに振り回されない強い心を養うことができるようになります。

しかし、人は感情の動物でもありますから、ついに我慢できず爆発して、子どもを叱ることもあるでしょう。このような感情的な叱りつけは、子どもに逆効果をもたらすこともあります。（ただし他人に危害を与えたり、子ども自身に危険が生じそうな時には厳しく、その場で対処する必要があります。）

できるだけ、感情的な叱りつけを避けるためには、母親に趣味を持つことをお勧めします。つまり、子育てによる常日頃のストレスを発散する方法を身につけておくことが大切です。そのことによって、自分自身の怒りをコントロールできるようになると思います。親子でストレスを軽減するS-ACT（感情表現法）があります。（詳細は拙著『1歳からの子どもの発達を促すタッチングケア』（合同出版）に紹介されています。）趣味を持つことやストレスを発散させるための時間や費用は、父親の理解と協力があってこそ、実現することですから、夫婦はいつも仲良く子どもの前で過ごすことが必須条件になります。

※父子で押し相撲に取り組みましょう。（224頁参照）

多動や落ち着きのない子どもを落ち着かせる一つの方法

多動な子どもが動きまわっている時に、親の方に目を向けさせるのは大変、難しいことですが、具体的に落ち着かせる方法を「ゆらゆら・ぎゅっぎゅっ体操」の中から一つ紹介しましょう。

まずは、やりとり遊びから始めます。親はあせらず、自分自身もゆったりした気持ちで子どもと楽しく追い掛けごっこをして、意識を親に向けられるように導入します。この遊びを二、三回繰り返しします。次に子どもが走っている前をふさぐように、親は膝立ちで子どもを受け止められる姿勢で構えます。子どもの目の位置に親の顔がくるようにします。そして、子どもの両腕の肘から肩のちょうど真ん中あたり（筋肉のある部分）を、しっかり親は両手でつかみます。この時に「～ちゃん、本当は落ち着きたいのよね。お母さんは、～ちゃんのこと大好きだから、お母さんの顔を見てね」と言いながら、子どもの両腕の保持した部分をゆっくり押さえたり緩めたりして、もんであげてください。子どもは最初のうちは離せと言わんばかりに振りほどこうとしますので、しっかり保持しなければなりません。

五分ぐらい、お母さんも諦めずに腰を据え、前述の言葉を気持ちに表して本気になって関わってください。そのうちに子どもの緊張がしだいにほぐれ出します。

多動で動きまわっている時は血流、つまり脈がとても早く、体が興奮状態で緊張しています。大人の両腕をゆっくり押さえたり緩めたりのマッサージによって、子どもの脈の流れが整えられ、しだいに体を弛緩へと導くのです。子どもが弛緩してきたら、大人は自分の胸に子どもを迎え入れて、軽く抱いて頬ずりをして「～ちゃん、大好きよ」とほほ笑んであげましょう。

このような子どもとのやりとり遊びを一日に二、三回取り入れてあげるように心掛けましょう。子どもは、お母さんを求めるようになり、視線も合いやすくなり、一層、子どもがかわいくなります。

落ち着きのない子どもとの接し方

落ち着きのない子どもを持つ親は、多動な子どもと同じように、食事の摂取内容と子育て環境をチェックし改善するように努めましょう。子どもの行動には必ず目的がありますから、子どもを優しく見守る余裕を持ちましょう。そして、子どもがいつも、どんなことに興味を持ち、関心を示しているのかを知ることが大切です。親がいつも先々にお膳立てすることは避けなければなりません。子どもに自主性を持たせてあげるのです。子どもが、すぐに飽きてしまって他の事に目移りしてもやかましく言わないようにします。たとえ、遊んでいたおもちゃがそのままであっても、その都度、片付けをするようにしなくてもいいのです。もし、片付けをしてからということになると、せっか

おかたづけ（作詞・曲　松田ちから）

そろそろ　そろそろ　おかたづけの　じかん
そろそろ　そろそろ　おかたづけの　じかん
もっとー　あそんでー　いー　たー　いー
でもーもうすぐ　ごー　はー　んー
そろそろ　そろそろ　おかたづけの　じかん

く、興味を持って関わろうとしていた行動が半減してしまう恐れがあるからです。子どもは親が与えたおもちゃを用途どおりには遊ばず、創意工夫を凝らして、目を輝かせて遊んでいることもあり、その方が子ども自身で学ぶ力がかえって発揮されて成長を促すプロセスになるのです。後片付けという言葉があるように、生活リズムの区切りに遊んだ物を片付けるように習慣はつけましょう。

「おかたづけ」の歌を歌いながらすると楽しいでしょう。

12　情緒が安定すれば模倣と学ぶ意欲が発揮される

教師が子どもたちに心を開いて、子どもたちにとっては静の受動的な体操によるアプローチと、子どもたちにとっては動の能動的な押し相撲による、教師と真剣に張り合う実践を行いました。子どもたちは少しずつ心もほぐれ、教師との信頼関係が芽生え始めたように感じました。そのことから、気がかりな行動のある子は自己中心的な行動も減り情緒が安定してきました。また、学習につまずきのある子にも、模倣しようと学ぶ意欲の出てきた様子が見られました。

静と動の身体活動のアプローチの実際

小学三年の通常の学級で3カ月間にわたって、静と動の身体活動の実践を行いました。今の小学三年の子どもたちの学校生活は、とてもめまぐるしく忙しい状況にあります。神経発達症と言われる子どもを含め、子どもたちにはゆとりを持った関わり、つまり一人一人の発達のペースに合わせる教育が大切だと思います。ソーシャルスキルを身につけたり、わかりやすい支援により学習に対する意欲づくりにも力を入れる特別支援教育が最も必要な存在になってきています。その取り掛かりとして、静と動の身体活動が、子どもたちの学習や行動における前提課題にふさわしいと考えます。

静の動きの身体活動「ゆらゆら・ぎゅっぎゅっ体操」

「ゆらゆら・ぎゅっぎゅっ体操」[*]は、操体法に基づいて考案されたものです。ではまず、操体法について説明をします。子どもの心に悩み事があると、自分では気づかないうちに体のどこかに緊張という歪みが自覚症状を伴わずに表れてくることがあります。このサインを受け止めるために自覚症状が出ても軽いうちに、子どもの体からのサインをキャッチする必要があります。緊張という歪みが異常にいたる前に心と体をほぐし、体を健康体に戻す体の法則という形で、橋本敬三氏が考案したものを操体法と言います。

ゆらゆら・ぎゅっぎゅっ体操を子どもに施す人は、子どもとの信頼関係が築かれていなければなりません。出来れば、養育者にこの体操を学んで貰い、自分の子どもにやってあげることが一番望ましいです。しかし、親子の関係がぎくしゃくしていると、かえって子どもは親に自分のことで迷惑をかけてはいけないという、親思いのところがでてきます。そのために子どもは心に歯止めをかけて、一層、我慢をしてしまい緊張が増長する場合もあります。そのような子どもは、うまく自分の気持ちを表出出来ず、心をがんじがらめに追いやることになりかねません。その点に配慮して関わることが大切です。

ゆらゆら・ぎゅっぎゅっ体操を身につけて、子どもとラポート（精神的な融和）を図った上で実践すれば、子どもは快い気持ちで応じられて、緊張がほぐされ心身ともにリラックスした状態へと誘導されます。人とのコミュニケーションにおいても相手に対して、思いやりをもって関われる余裕も出てくるようです。

この体操はコミュニケーションがうまく出来ないことで、二次的な情緒の問題に陥らないために、発達に心配りを必要とする子どもにも受け入れやすいように考案しました。この体操を受ける子どもには、受動による快い触覚刺激を与えながら優しく言葉かけし、それぞれの体の部位の機能もわかりやすく話して行います。

足の指先から始まって最後には頭へ、そして、全身をぎゅっと抱きしめて「～さんのことが大好き」という言葉かけを心からのエールとして送り、体操を終了することになっています。筆者はこの体操に取り組む前に、子どもの心が少しでも和み、緊張がほぐれるように絵本『ぎゅっ』（ジェズ・オールバラ作・絵／徳間書店）の読み語りをして、楽しく導入するように心がけています。この体操の開始初期の緊張の強い子どもには、順番どおりにはせず、子どもの姿勢に合わせて行い、操体法の基本となる内容も織り交ぜながら進めるようにします。

＊ゆらゆら・ぎゅっぎゅっ体操

詳細は拙著『1歳からの子どもの発達を促すタッチングケア』（合同出版）で紹介されています。

動の動きの身体活動「押し相撲」

本来、子どもたちは体をおもいっきり動かして遊ぶことが好きですから、親子でお相撲ごっこをすることを勧めています。怪我のないように安全面に気をつけて、出来れば父親にも協力して貰って、週に一回は親子で取り組んで欲しいです。お相撲はまさにスキンシップであり、タッチングを通して、子どもと真剣に張り合うことで、子どもの心のサインを受け止める良い機会でもあるのです。このお相撲はストレス解消にもつながり、親子双方に相乗効果があります。親は仕事で、子どもは学校で抱えている心の鬱積を、お相撲を通して発散させてしまうのです。

実際のお相撲は十回勝負とします。十回中ランダムでいいのですが、八回は子どもに勝たせてあげます。そのことによって、子どもには何事にも意欲を持ってやろうという心が育ち、自尊心を養うことになります。二回は親が勝ちます。親として、子どもを守ることの出来る力を備えていることを示すのです。このお相撲を小学生の高学年あたりまで続け、子どもが困った時にはいつでも親として「相談にのるよ」というオープンな心の窓口を、いつでも開放していて欲しいのです。そうすれば、子どもは思春期になっても、自分の心のはけ口を上手に小出しにすることを身に付けます。このような環境で育てられた子どもは、火山の大爆発のような家庭内暴力や引きこもり、そして、犯罪に走る可能性は少ないと考えられます。

静と動の身体活動を家庭において、子どもの日常の生活場面で適宜、取り入れてみましょう。

静の動きの身体活動を通常の学級で取り組んだ理由

「ゆらゆら・ぎゅっぎゅっ体操」を、通常の学級における神経発達症と言われる子どもを含めたクラスの全員の子どもに実践した経緯は、なのはな子ども塾に在籍する知的な遅れを伴う言葉のない多動の自閉症の子どもに、この体操を実施したところから始まります。

Z君は当初、体の部位に緊張も見られ、順番に取り組むことも出来ず、中断することがしばしばありました。しかし、およそ一年経過した頃から、課題に取り組む前に、自分からマットを敷き、靴下を脱ぎ、静かに仰向けになって体操を求めて待っていることが見られるようになりました。

Z君にとっては、この体操は気持ち良くリラックス出来るものと感じていることが、筆者に見受けられました。体操後はとても落ち着いて、わずか十五分足らずですが課題に集中して取り組んでくれるのです。

この経験を通して、小学三年の通常の学級における学習や、行動に気がかりな子どもを含めて、いつ学校生活の中で困った問題が生じて悩みを持つかもしれない子どもたちに、この「ゆらゆら・ぎゅっぎゅっ体操」が生かされるのではないかと思い、実践することになりました。

静の動きの身体活動を通しての子どもたちの反応

この実践に協力して戴いた小学三年の通常の学級には、学習面（算数・国語）や行動面において、子ども自身が困っている状況におかれていると思われる子どもが、五〜六名は存在します。

また、アスペルガータイプの子どもで、学校の時間割等のスケジュールが急に変更になったり、自分の持ち物を紛失したり、他児がスケジュールや規則にルーズな行動を取ることで、自分の思い通りにならないことが生じると、混乱を示す神経発達症と言われる子どももクラスに在籍しています。

一人一人に筆者が「ゆらゆら・ぎゅっぎゅっ体操」を行った後に、アンケートを取りました。そのアンケートの結果と子どもたちの学習面や行動面における変化について、簡単に述べてみたいと思います。

前者の子どもたちの中で、学習に困難を示す子どもに関しては、体操実施前は学習の内容が分からなくても、筆者にノートを見せるのを拒み、心を開いてくれなかった子どもが多くいました。彼らのアンケートの回答では全体的にこの体操をして貰って「気持ち良かった」と答えており、体操を通して筆者との信頼関係も芽生えたのか、授業中、分からない時には「松田先生教えて」と、積極的に助けを求めてくる子どもが増えてきたように思います。このように学習につまずきかけている子どもにも、最善を尽くしてやってみようという意欲が感じられるようになりました。

行動面に気がかりなところのある子どもに関しては、体操実施前は周りの状況がうまく判断出来なかったり、相手の気持ちまで考える余裕がなく、自己中心的な行動を示す子どもが多く見られました。そして、彼らのほとんどが「動の動きの身体活動を好む」とアンケートに回答しており、始めのうちは筆者に体操をして貰うことに消極的に応じていました。ところが実際に「ゆらゆら・ぎゅっぎゅっ体操」を筆者にして貰うと、体操後のアンケートでは、「体の丸ごと気持ち良かった」と回答する子どももおり、全体的にこの体操に対して好感を示してくれました。体操の実践後の彼らの行動面には、全体的に落ち着いて相手の話を聞いたり、物事に集中して取り組む子どもが増えたように感じられます。

後者のアスペルガータイプの子どもは、静及び動の身体活動に積極的に参加してくれました。紙面の関係上、ここでは詳しくは述べませんが、体操のビデオを見ての事前アンケートと、一カ月間の体操の習得期間を終えて、実際に子ども同士で行う前の事前アンケートの結果を見てみます。

その中で、自分の思い通りならない時の対処の仕方の設問に対しての回答は、事前アンケートでは「自分の意見を通す」でしたが、一カ月後の事前アンケートの同じ設問では「お互いに譲り合う」になっていました。この「ゆらゆら・ぎゅっぎゅっ体操」の体操習得期間に、他児との関わり方を本児が学んだ成果が示されました。実際に本児の学校生活における情緒面の実態経過と行動変容の時期がアンケートの回答内容と一致していたのです。つまり、思い通りにならない時も、自分でどのような行動を示したら良いかを、落ち着いて考える余裕が出来、情緒も安定してパニックにいたることがなくなってきました。

筆者は本児と他児も誘って、さいころの六面体に行動課題カード（マジックテープで取り外し可能なカード）を作成し、さいころを転がし上面に出た課題内容を子どもたちに実際に実行して貰いました。そのことによって、「この世の中は思い通りにならないことばかりで、ある時には他の人に合わせることも必要である」というソーシャルスキルを、行動課題カードを通して、学んで貰ったのです。子どもたちにも行動課題カードに従って、自分たちの考えた行動課題を作成して貰いました。

さいころゲームはまさにゲーム感覚で、本児には日常生活に般化出来るのか、課題は残りましたが、ソーシャルスキルを身につける手段として行い、意識してもらうことに重点を置きました。

そのことによって、本児には心にもゆとりが出来て、思い通りに事が進まなくても、人の行動を責めることも少なくなってきました。

13　共に育ち合う教育とは

人のことを少し考えてみたいと思います。人には脳があり、出生時に異常が起こらない限り、すべての人に平等の数の脳細胞が与えられています。脳には大脳と小脳があります。大脳には古い皮質と新しい皮質があり、古い皮質は人の本能をつかさどり、一般的に知られているのは食欲（食べることによって身体を保持する）、性欲（人類保持）の二つがあります。しかし、もう一つ忘れてはいけないものがあるのです。それは、集団欲（人が人として認められたい、精神の安定保持）が本能としてあるのです。

誕生したばかりの赤ちゃんには、すでに平等に脳細胞の数が定まっており、脳細胞が絡みあうことによって心身ともに成長してゆくのです。人が生きてゆくうえで、環境はとても成長を左右させていると思います。それは、皆さんもご存じのように、オオカミに育てられたオオカミ少女の例があげられます。

障がい児と言われる子どもが生まれたというショックによって、親の方が他人からの目を避けざるを得ない地域社会、また、そのことによって、親子の関係も定型発達児と言われる子どもと関わるような接し方がどうしてもできない状況に落ち込んでいる方を今までに見かけました。

このように、障がい児と言われる子どもが人として生きていくための権利を、親の自分勝手な考えで阻んでいるとしたら、それは、とても残念なことです。赤ちゃんの時期から、そのように人として生きる権利を阻んでしまったら、どうやって、この子どもたちは、この社会で生きていったらよいのか、わからないままに育てられてしまうのです。

人は動物と違って、残念なことに他人と比較し競争しながら、醜い争いによって血を流している歴史がいまだに続いています。これは、大脳の新しい皮質の中に、それぞれが生きている環境においての経験を通して植え付けられた、他者より強く生きたいという競争意識というものです。つまり差別の心が脳細胞に絡みあってきざみ込まれて、人の本能的なものとされている面があります。しかし、この差別の心は本能として片付けてはいけないと思います。

私が勤めていた児童発達支援センターでは、地域の幼稚園児の五、六歳児が遊びに来て交流していました。このことは、とても良いことだと思うのですが、五、六歳の幼児を見ていますと、もうすでに、障がい児と言われる子どもたちには、ほとんどと言っていいほど眼中になく、「どんな遊具で遊ぼうかな」とか、幼稚園の担任の先生の指示に従って一緒にお遊戯をするというだけで、個性を奪われかかっているコドモにしか見えませんでした。また、この時期のコドモたちは自意識という自我を強調して生きようとしています。いわゆる、自然のふれあいとして、障がい児と言われる子どもと接するという姿がうかがえないのです。それは自分で友だちを選択する能力を持ちつつあるからではないでしょうか。どうしても、自分より弱い子とはつきあいたくないという心理が身につき、障がい児と言われる子どもと接するのは意識したうえで、義理的に大人の設定のもとで動いているようにしか感じられませんでした。

その点、私の経験から、乳児（二〜三歳）のコドモたちが、障がい児と言われる子どもたちとむしろ自然に対等につきあっている姿を見てきました。私たちの地域社会に住むすべての人が、まさに、この幼子《おさなご》のような純粋な心を持ち続け生きてゆこうとしなければ、真のインクルーシブ教育（一人一人の個性をお互いに尊重し認め合い、子どもの育つ地域で、学校の通常の学級において分け隔てなく包含され、共に学ぶ教育システムが保障される教育を言う）の実現は難しいと思います。

最近､障がい児、定型発達児と言われる子どもを問わず、早期教育が良いと盛んに叫ばれています。早期教育の時点で障がい児と定型発達児をふり分けるのではなく、共に生きる環境を自然なふれあいの中で築きあげることに力を注がなければ、この早期教育は単に差別社会を助長するものでしかないと思います。

どうぞ、子どもたちの大脳の古い皮質にある集団欲を大人である親は摘み取らないで、定型発達児と言われる子どもたちと同じ教育環境を常にプレゼントしてあげてほしいのです。たとえ、自閉傾向と言われる子どもでも、「ひとりぼっちは絶対いやだ」と、きっと心から訴えていることでしょう。今までに、自閉傾向と言われる子どもを、抱っこ法という深層心理学に基づいた心理技法で、母親と一緒に抱っこ法のセッションを重ねてゆくうちに、「みんな、がっこういっしょ」と少ない言葉から一生懸命、声をふるわせながら、親やセラピストの私に訴えてくれて、とても感動したことがあります。自閉傾向と言われる子どもには、コミュニケーションがうまくできないがために今までの辛い体験を、ずっと我慢し続けているんだということが、しみじみと私の心にも伝わってきました。

私自身の体験から

私が母の胎内にいる時に、母は幼稚園教諭をしており、ちょうど、しょうこう熱（溶連菌感染症）にかかった園児の世話をしていました。私は胎内で感染し、誕生時は低出生体重児で医師から脳性小児マヒと言われ、二歳になって、ようやく言葉が少しずつ出てきて歩き始めたということです。知能も歩くことも定型発達の子どもに比べて、発達が遅れていました。しかし、幸いにも自分の家が幼稚園ということもあって、今でいう統合保育が定型発達児と言われる子どもたちとのふれあいの中で、もまれる環境のもとで分け隔てなく育てられてきたのです。

小学校に入学する時に、両親は特別支援学級のある学校に入れた方がいいのではないかと、学校の先生に相談に行ったそうです。その時に、先生から「通常の学級でみんなとスタートラインを一緒にして学んでみてはどうか」と言われ、幼稚園の時の友だちと一緒に小学校に通学することになりました。いつも、ビリで「ガイコツ」というあだ名や「ちからなし」と言われて、いじめられる存在で学校に行くのも、嫌な時が多くあったことを覚えています。

私の家は教会の幼稚園で、伊勢湾に面した知多の海辺の町で、夏になると名古屋から多くの団体が泊まりで海水浴に訪れていました。ある時、知的発達症の施設の子どもたちが泊まりに来ていました。彼らの一人の女の子が私（当時小学三年生頃）を誘って遊んでくれたのですが、鼻クソをほじって口に入れてなめている子どもを指さして、「あの子はなぁ、わたしよりバカなんだよ」と言って教えてくれたことを、今でも印象深く思い出します。なぜ、同じ人なのに、あんなことを言うのだろうと不思議でたまらなかったのです。彼女の中に、自分はみんなから、「アホや」と言われるけど、もっと、アホな人もいるんやと強調し、自分を一人の人として認めてほしいと叫び訴えていたのだと、今になって、私はそのように理解しているのです。

私が小学校の時に自分が、いじめられる存在でありながらも、一学年上のクラスでは、もっとひどいことがなされていたことが今でも記憶に焼き付いています。そのクラスは机の順番が成績の良い順番に並べられ、知的発達症と言われるYちゃんと、成績の中ぐらいと思われる子どもで家の仕事が資源リサイクル業者ということだけで、成績の悪い列の一番最後の出口近くが二人の机になっていました。いつも、休み時間になると、この二人は集中攻撃を受け、殴られたり、蹴られるなどされて、体中にあざを作っていました。Yちゃんは、それでも、ニタニタ笑ってヨダレを垂らしていました。このような、ひどいいじめに対して、担任は完全に黙認していたのでした。私は子ども心に「なんと恐ろしいことが……」と思いました。まさに、差別教育が平然となされていたのです。現実に今の学校でも、このような光景はあるのではないでしょうか。いくら統合教育（インテグレーション）という器が整っていても中身が、こんな状態であったら、共生教育（共に育ち合う）、つまり、インクルーシブ教育（包含）は無に等しいのです。

学校の教師たちに、どんな子どもにとっても、お互いが助け合う心の通う教育が実践されることを願っています。

小学校時代の思い出を語りましたが、次の中学校はみんなと一緒の学校には行きたくない気持ちがありました。家がキリスト教の教会ということもあって、ミッションスクールの入学案内も多く送られてきていました。そこで、東京・町田にある桜美林に入学することになりました。桜美林中学は一学年八〇名で二クラス、そのうち一割の方がなんらかの障がいを持っておられました。てんかんの発作のある人、ダウン症と言われる人、事故によって肢体不自由になられた人、脳性マヒと言われる人、小頭症と言われる人などでした。今、言われているインクルーシブ教育（包含）が約六〇年前になされていたのです。数学、英語に関しては、個別指導を受けている方もいましたが、その他は、すべて同じクラスの中で学び、ホームルームの時間も和気あいあいとディスカッションをしたものでした。

大学では社会福祉を専攻したのですが、大学には障がい者と言われる人たちがほとんどおられず、本当の福祉を学ぶことができるのだろうかと疑問を感じていました。そこで、障がい者と言われる人たちにも大学の門を広げなければならないことを、「大学生活改善委員会」を発足して、すべての学生が不自由なく勉学できる環境づくりを、大学側に強く要求していったのです。その結果、車イスの方のためのスロープ、エレベーター、視覚障がいの方のための各教室の点字案内、歩行用ブロック、講義の録音設備、聴覚障がいの方のための筆記や手話ボランティアの養成、そして、試験システムの改善などが徐々に整ってゆきました。

自分自身で、こんな事を言うのも、大変おこがましいのですが、幼少から中学そして大学へと、障がい者と言われる方々と共に教育を受けることができたことによって、現在の自分があるのではないかと思うのです。将来、福祉を担う人たちの養成は、実際に障がい者と言われる方と共に幼少から自然な形での教育を受けて、地域社会で分け隔てなく育てられてゆかなければ、福祉に従事する人の人材確保は難しいと思います。福祉の仕事は人と人の心のふれあいを大切にするものですから、いわゆる経済志向の割り切った考え方では成り立たないのです。私が言いたいのは、福祉を担う仕事をする人のハートを育てるのは前述したように、障がい者と言われる人たちと共に助け合って教育を受けることによって、優しい心が養成されるのではないかと思うのです。

特殊教育から特別支援教育へ

教育基本法の改定と並行して、文部科学省では特別支援教育を進めてきました。教育基本法の現行三条には「すべての国民は、ひとしく、その能力に応ずる教育を受ける機会を与えられなければならない」と定められています。しかし、改定案では（教育の機会均等）第四条の2に「国及び地方公共団体は、障害のある者が、その障害の状態に応じ、十分な教育を受けられるよう、教育上必要な支援を講じなければならない」とあります。「その障害の状態に応じ」とありますが、この箇所をどのように解釈するかは、それぞれの立場によって考えは違うと思いますが、就学時健診等の相談において、教育委員会や学校と学校教育を受ける側の親子との争点になることも予想されます。そして、「講じなければならない」という表現は、強い権限を行使する意味合いが感じられます。
※法律の条文掲載に関しては「障害」の漢字を使用して記述しています。

また、教育財政に関しては義務教育国庫負担を削減し一般財源化し、教育整備には責務を果たさずに、教育内容に政府が介入を強めようとしているのが、教育基本法の改定案に示されています。

「特殊教育」の「特殊」という差別用語が取り除かれましたが、特別支援教育はどのように変わってゆくのでしょうか。通常の学級に通う学習や行動につまずきのある特別なニーズを持った子どもたち、LD、ADHD、自閉症スペクトラムと言われる神経発達症の子どもたちにも、支援が広げられたということで、一見、インクルーシブ教育の考え方に近づいたように感じます。

しかし、気をつけなければならないことがあります。それは、学習や行動につまずきが見られる子どもが、すべて、神経発達症とは限りません。ですから、診断・受容の所で述べたように、子どもやその子どもの保護者に対する人権にも配慮して関わらないといけません。

就学時健診について

就学時健診により、発達に心配りを必要とする子どもたちの中には、親子で精神的な苦痛を強いられた方も多くいます。学校保健法の就学時健診に関する文言には、学校側の実施については書かれていますが、受ける側の子どもやその保護者に対する配慮事項は一言も見当たりません。

この就学時健診は、受ける側の子どもやその保護者に対して、法的に強制されるものではありません。しかし、私たちはその根拠となるものを得たいので、ここに、子どもの教育を受ける権利に関する人権宣言等を紹介します。世界人権宣言の第二六条3項には「親は子どもに与える教育の種類を選択する優先的な権利を有する」とあります。また、子どもの権利条約では「障害による差別の禁止」第二条と、「障害をもつ子どもの権利保障」第二三条によって、子どもの保護者に教育権をはっきりと認めています。そして、第一二条では「子どもの意見表明権」を大切にするようにも定めています。

就学時健診では、選別行為も実際に行われています。それは、入学時期の半年前に実施することから判然としています。選別行為でなければ、入学してからの新年度に実施も可能なはずです。

国際生活機能分類に改訂

国際障害分類がWHO（世界保健機構）において、一人一人の人権を尊重し国際生活機能分類として改訂されました。健康状態が、様々な環境因子や個人因子によって、心身機能・構造に支障をきたし活動を制限されたり、参加を制約されることがすべての人にあり得ます。たとえ、心身の機能・構造に問題が生じても、適切な支援のもとに、子ども自身の現在の力を発揮できる環境に整えられれば、参加・活動が可能となります。そのことによって、生き生きと生きる明るい展望が導き出されます。

人間は誰一人として、パーフェクトな人はいません。遺伝学的に見てもそうです。たとえば、一人の人を心身ともに心と体の丸ごとを一〇〇％の完全な人とします。しかし、私たち人間は少なくとも一〇〇％のうち約三％は人によって体の部位だったり、心理・精神的なことであったり、経済的な物質面であったりと異なりますが、それぞれに支障があって生活がスムーズに行かない部分を必ず持って生きています。その支障のあるところを少しでも改善できるように、体の部位における場合は、技術による機械（福祉機器）が補助してくれて、うまく生活が出来るように助けになっている人もいれば、ある人は精神的なサポートを受けて立ち直れる人もいます。そして、福祉行政によっる経済的な支援を必要としている人もいます。これらのすべての支援は心の通った人の力によって必ず介在されています。

この三％の支障は誕生した日からの人、ある人はある日突然、事故や病気になった人、そして、最近、日本を襲う台風や地震による災害にあって、心身に、また、経済的な物質面にダメージを受ける人も多くいます。

これらの支障に苦しむ人の差し支えを教育で言えば、特別支援教育が取り組み、子どもには学習の理解が深まり意欲が育ち、行動においてもスムーズに人とのコミュニケーションができるよう、改善されることを願って実践されています。医療で言えば、医療検査機器の技術研究や薬の開発等で、治療が行われ健康が回復されます。福祉で言えば、心身ともにより良く快適な生活を営むことが出来るように社会保障の充実が求められます。これらの教育・医療・福祉の連携が私たち一人一人の抱えている三％の支障を少しでも軽減してくれるのではないでしょうか。

特別支援教育

発達障害者支援法が施行され、神経発達症と言われる子どもたちのライフステージも支援してゆこうという動きが見られます。発達に心配りを必要とする子どもには、適切な教育が欠かせません。そこで登場するのが特別支援教育です。現在、乳幼児から高等学校、大学そして、就労雇用にいたるまでの専門関係機関と連携を深めてゆくことが重要な課題となっています。

発達に心配りを必要とする子どもに今、適切な課題を提供するには実態把握を明確にし、子どもの個別教育計画（ＩＥＰ）を作成するところから始まります。この個別教育計画のプラン（Plan）を立て、子どもに計画に基づいた課題を実践（Do）します。そして、次の段階で、実践を評価する内容と修正すべき課題内容を点検（Check）し、新たな指導計画を組み立て、再び個別の教育課題活動（Action）に進むサイクルで、常に子どもにとって適切な課題になっているかを軌道修正しながら、取り組んでゆきます。特別支援教育は、子ども一人一人のＰＤＣＡを充実することで、ライフステージを支援してゆくものです。

学習や行動につまずきのある神経発達症と言われる子どもたちに、特別なニーズに適切に応えるサポートの範囲が広げられました。具体的には通級指導の対象にもなったことです。この通級指導とは通常の学級に在籍する子どもが、学習において気がかりな科目を中心に週に数回、通級指導教室で学ぶことを言います。この通級指導についても、あくまでサポート資源であり、子ども自身やその保護者が自由に選択できるものであることを強調したいです。この点に特別支援教育コーディネーターは配慮に努めて欲しいと思います。

現在、自ら希望されて特別支援学級でほぼ一日を過ごしている子どもの保護者からは、将来的には特別支援学級と通級指導教室を統合した特別支援教室を目ざすという動向に不安を感じている方もおられます。

また、文部科学省では特別支援教育の方針として、現在ある視覚支援学校、聴覚支援学校、知的特別支援学校、そして、肢体不自由特別支援学校を統合して、障がい種別を一元化した特別支援学校に、特別支援教育センターの機能をもたせることを提言しています。ますます、教職員の専門性が求められますし、子どもたちの症状は一人一人違いますから、設備面から考えても、一人一人の特別なニーズに応えられる教育実践が可能か疑問に感じる点があります。

その上、この特別支援教育センターに所属する教職員は、障がい種別を越えた専門性に加え、それぞれの小・中学校にも巡回相談をすることになっています。具体的には、学習や行動につまずきのある子どもも含め、神経発達症と言われる特別なニーズのある子どもに、通常の学級で取り組んでいる担任を始め、子どもや保護者にも支援助言するシステムを構成することが検討されています。これらの検討がまだ実践に至らないのは、教員の障がい種別の単位修得がハードで専門免許制度の取得がネックになっているようです。

特別支援教育からインクルーシブ教育へ

神経発達症と言われる特別なニーズのある子どもへの支援が盛んに言われるようになりました。学習や行動において、子ども自身が悩み困っていることに対して、文部科学省も真剣に取り組むようになったことは、一歩前進のところも窺われますが、少し踏みはずすと大きな落とし穴があるように感じます。

義務教育の国庫負担を削減し一般財源化してゆく現状の中で、教育財政が充分に確保できなければ、教職員の専門性を高めたり、特別支援教育のスタッフを配置することは困難となり、教職員のオーバーワークとなり、一人一人の特別なニーズに適切な支援を行うことは不可能になります。

そして、そのことが一層の選別教育につながることにも成りかねません。選別教育ではなく、誰でも必要と考えた時に、本当の専門的なアプローチを受けたいと子どもと保護者が求めた時に、ある人は通級指導教室であったり、ある人は特別支援学校で学ぶことを選択できるように、その求めに対してすぐに対応できるシステムが常時、利用できる教育環境を整えることが大切ではないでしょうか。

特別支援教育の目的は「子ども一人一人の特別なニーズに応える教育」というメッセージです。とても素晴らしく、インクルーシブ教育の思想にもつながります。子どもたちの中には障がいの有無に関係なく、たとえば、算数が難しくなり、学習面においてわからなくなったり、行動面において友だち関係に悩み、どのように対応していいのか判断に困り落ち込むこともあり得ます。このような事柄に遭遇した場合に、子どものペースに合わせて合理的配慮がスムーズに応えられる臨機応変に対応するシステムの支援が整うことを願っています。

このインクルーシブ教育を可能にするには、各クラスにチームティーチングを取り入れられるように教師を配置することです。現時点では理想かもしれませんが、この理想を現実に少しでも変えようと努めることが本当の教育ではないでしょうか。

障害者権利条約を批准している日本は国連より勧告があり、インクルーシブ教育への徹底改善が求められています。現時点での実現は困難ですが、まずはできるところの取り組みとして地域における学童保育において、児童発達支援事業所による放課後等デイサービスを廃止し、学校の放課後や休日には地域で兄弟姉妹も含めて共に過ごし、分け隔てなく共に育つ環境の整備（支援スタッフの充実）を図る方向性へと見い出すことが重要と考えます。

学校の保健体育教科では、「共生の理念」に基づいて実施する学習指導要領を打ち出しています。それは「個々一人ひとりが違う」をお互いに認め合いながら運動を行い、身体活動を自分のペースに合わせ心身の健康な生活を営むことを目指しています。

おわりに

現代はコンピューターを中心としたデジタル社会となり、子どもたちの子育て環境はがらりと変わり、親にとっては子どもが育てにくい社会になり、子どもにとっても、本来の生き生きと子どもらしく健康で明るく過ごせる環境が整わなくなっている状況です。

今は本著でも述べましたが、発達に心配りを必要とする子どもたちが、障がいの有無を問わず、いつ学習や行動において悩みや困難が生じるのか、わからない時代と言っても過言ではありません。

ここで、一つ、いいかげんなことを提案します。「まぁ、いいかげんなことを言って」と言われそうですが、この「いいかげん」という言葉は本当にいいかげんだと思います。それは、ダダをこねている子どもに、お母さんがついにキレてしまい「もう、いいかげんにしなさい」と叱ったり、また、ある人の無責任な行動を批判する否定的な言葉として用いられるからです。しかし、この「いいかげん」という言葉には肯定的な意味もあるのです。それは、「あなたの状況に合わせて、ちょうどいいように調節すること」という意味です。

子育てには失敗はありません。ですから、子育てには成功もありません。子育てにおいて一度も悩んだことのない人は誰一人いないでしょう。親子の交流が気まずくなっているからといって、諦めることはないのです。今からでも遅くはないのです。ある時は親自身がいいかげんで、子どもの

なのはなのこころ（作詞・曲　松田ちから）

状況に合わせて調節すればいいし、また、ある時は子どもがいいかげんで、親の状況に合わせて調節すればいいのです。始めのうちは、お互いに意識しながら、いいかげんに努めるので、ぎくしゃくしているかもしれませんが、人が病気になった時に治癒力が必ずあるように、しだいに親子の絆にも回復する力が必ず備わっています。

ここに心を込めて「なのはなのこころ」の歌を紹介します。

そして最後に「心配から心配りに変える方法」をご紹介しましょう。

心配から心配りに変える方法

まず、自分の大好きな子どもの姿を心に浮かべます。たとえば、「愛くんは学校で友だちや先生との関係で苦しみ悩んで、とても大変だね」と感じながら、息を吸い込みます。そして、親はそのことを心に受け入れます。ここまでが心配ケアです。

次に、自分の大好きな子どもの姿を心に浮かべながら、「愛くんは大丈夫。必ず、あなたを守ってくださる方がいます。安心して今日も一日を過ごしましょう」と息を吐き出します。これが、心配りになるのです。心配は前進がありません。心がふさいで暗くなり、落ち込んでいる状態です。心配りは心が暖かくなり、心がなごみ、子どもは安心して生きていけます。すべての子どもたちに心配ではなく、心配りを心から願っています。

自分自身の不安な気持ちにも置き換え可能です。自分の心配な心に対して、自分自身に心配りをしてあげるのです。そして、天に任せてもいいし、神様に委ねるのです。つまり、自分自身を許すことによって、がんじがらめになっている心を緩めるのです。

心配から心配りへの道筋が少しは見えてきたでしょうか。

参考文献・資料

［はじめに］

米国精神医学会『ＤＳＭ—５　精神疾患の診断・統計マニュアル』医学書院、二〇一五。

［診断と受容］

エリザベス・キューブラー・ロス「患者との出会い・ホスピスの考え方」ＮＨＫ教育テレビ。

小宮三彌他編『障害児発達支援基礎用語事典—特別なニーズ教育に応えるためのキーワード110』川島書店、二〇〇二。

乙武洋匡著『五体不満足』講談社、二〇〇一。

「福祉ネットワーク」ＮＨＫ教育テレビ。

［身のまわりのこと］

内藤哲雄著『無意図的模倣の発達社会心理学—同化行動の理論と実証研究』ナカニシヤ出版、二〇〇一。

伊藤進著『はじめての認知心理学—ハートギャラリー』川島書店、一九九四。

［感覚遊び］

上野一彦著『教室のなかの学習障害—落ちこぼれを生まない教育を』有斐閣、一九八四。

デーヴィッド・チェンバレン著『誕生を記憶する子どもたち』春秋社、二〇〇二。

Ｊ・ヘルムート編『障害乳幼児の発達研究』黎明書房、一九八三。

時実利彦著『脳と人間』雷鳥社、一九九八。

日本ボバース研究会『ボバース法多種職研修会資料』

長尾秀雄著『教師のための図説神経心理学5—体性感覚器の構造と機能、体性感覚障害児を理解するために』愛媛大学教育学部障害児教育研究室研究紀要第17号、一九九三。

松田ちから「引っ込み思案な乳幼児の母子愛着形成—移行対象を持つ子ども」論文資料

[脳の働き]

佐々木正美他著『ぼくのことわかって！—LD（学習障害）児への手引』朝日新聞厚生文化事業団、一九九〇。

内山登紀夫著「自閉症スペクトラムの子どもへのコミュニケーション支援」『言語発達遅滞児へのコミュニケーション支援』言語発達遅滞研究第4号。

森昭雄著『ゲーム脳の恐怖』日本放送出版協会、二〇〇二。

[遊び]

松田ちから「通常の学級における個に応じた支援」愛媛大学大学院特別支援教育専攻・修士論文。

[言語]

社会福祉法人あさみどりの会『こどものことば—母親ガイドブックその1』

田中美郷他著『小児のことばの障害—言語障害・音声障害』医歯薬出版、一九八〇。

神奈川県児童医療福祉財団『「育つ」No.4　ことば』

松田ちから「エコラリアへの対応と指導方法」エコラリアの療育支援資料　児童発達支援センター天使園療育外来資料。

竹田契一、里見恵子編著『インリアル・アプローチ—子どもとの豊かなコミュニケーションを築く』日本文化科学社、一九九四。

高橋倫監修「ことばを創るＳＴ法」ジェムコ出版。

青柳かくい著『泣き声でわかる—赤ちゃんの気持ち』ごま書房新社、一九八八。

名古屋キリスト教社会館福祉研究所編「社会館の福祉」vol.19、二〇一六年五月二一日。

近藤綾、渡辺大介「幼児のオノマトペ知識に関する研究」幼年教育研究年報第32巻29-36、二〇一〇。

神園幸郎著「ダウン症児に対するオノマトペを利用した補助言語の開発」科学研究費補助金（一般研究C）研究成果報告書、一九九二。

［食事］

ベン・F・ファインゴールド著『なぜあなたの子供は暴れん坊で勉強嫌いか』人文書院、一九七八。

丸元淑生著『いま、家庭料理をとりもどすには』中央公論社、一九八五。

中川八郎著『脳の栄養―脳の活性化法を探る』共立出版、一九八八。

中川八郎著『頭がよくなる栄養学―情報栄養学のすすめ』講談社、一九八九。

福山幸夫他著『小児のてんかん』医歯薬出版、一九八〇。

CBSドキュメント「No・MSG化学調味料論争」『FENガイド4』アルク、一九九二。

食べもの文化研究会編『脳を育てる食べもの・食べ方』芽ばえ社、一九九二。

日本調理師学校連盟『栄養学』

金子芳洋編『食べる機能の障害―その考え方とリハビリテーション』医歯薬出版、一九八七。

S・E・モリス著『障害児食事指導の実際―話しことばの基礎訓練』協同医書出版社、一九七九。

「いのちの水を考える　part2」『エルエル』第473号。

向井美恵、岡崎好秀著『じょうずに噛めるまでのワン・ツー・ステップ』芽ばえ社、一九九〇。

三好彰「どうする、耳、鼻、のどの変な時第3部②―味覚障害―」愛媛新聞。

『「健康」―味覚異常―』愛媛新聞。

「子どもの摂食障害増加」回避・制限性食物摂取症　愛媛新聞、二〇二二年一〇月。

向井美恵「Seminar　心身障害の摂食機能とことば（一）～（四）」「Aigo―精神薄弱福祉研究」第35巻第4号～第7号。

「最新の漢方治療指針第一集一八八　小児精神科医領域疾患」日本医師会雑誌。

中川和子「小児精神領域疾患―幼児自閉症・注意欠陥障害・てんかん」第100巻第11号K3―4。

『レナードの朝』一九九〇。

「ETV特集　神経科医　オリバー・サックス(2)出会い」一九九三。

「ADHDの子ども向け新薬の開発の動き」愛媛新聞、二〇〇六年三月一二日。

黒田洋一郎著「子どもの行動異常・脳の発達障害と環境化学物質汚染―PCB、農薬などによる遺伝子発現のかく乱」ハイリスクライフステージ資料。

黒田洋一郎他著『発達障害の原因と発症メカニズム―脳神経科学からみた予防、治療・療育の可能性』河出書房新社、二〇一四。

「新生児医療の痛みを減らそう」愛媛新聞、二〇一五年一〇月六日。

「シンポジウム Walk Again 2015 in 札幌『次世代の脊髄損傷療法』」日本せきずい基金ニュース臨時増刊号、二〇一五。

神津健一著『食べるだけでIQ・EQが高まる―無限の潜在能力を引き出す〝賢脳エキス〟遂に開発！』ダイセイコー出版、一九九九。

大森隆史著『植物マルチミネラル「体内浄化（デトックス）」健康法―一目でわかるミネラル情報決定版』コスモトゥーワン、二〇〇四。

［着脱］

『幼児生活団』婦人之友社。

国松五郎兵衛著『ちえおくれの幼児のためのからだ・しつけ・ことばの指導』黎明書房、一九七九。

［排せつ］

社会福祉法人あさみどりの会『こどもの排せつ―母親ガイドブックその2』
高口保明『ダウン症児のための赤ちゃん体操』朝日新聞厚生文化事業団。
藤田弘子著『ダウン症児の赤ちゃん体操―親と子のきずなを深める早期療育』ブラザー・ジョルダン社、一九八四。
東正『子どもは変わる―その原理と方法　お母さん・先生のための行動変容の心理学入門』川島書店、一九八五。

R・M・フォックス、N・H・アズリン著『トイレット トレーニング―自立指導の実践プログラム』川島書店、一九七六。

［眠り］

井上昌次郎著『ヒトはなぜ眠るのか』筑摩書房、一九九四。

ジャネット・ブートン、カトリーヌ・ドルト＝トリッチ著『ねむりのための6章―睡眠のすべてがわかる本』リブリオ出版、一九九二。

高田明和『眠りは百薬の長―なぜだろう？　よく寝る人は病気にならない』講談社、一九九三。

A・ゲゼル他著『乳幼児の発達と指導（改訂版）』家政教育社、二〇〇〇。

［多動な子どもと落ち着きのない子ども］

森省二著『子どもの対象喪失―その悲しみの世界』創元社、一九九〇。

阿部秀雄著『自閉症児のための抱っこ法入門―講座』学習研究社、一九八八。

J・アラン著『情緒発達と抱っこ法―赤ちゃんから自閉症児まで』風媒社、一九八四。

J・ボウルビィ著『母子関係の理論1　愛着行動』岩崎学術出版社、一九九一。

阿部秀雄他著『子育てを助ける―実践療育』全国心身障害児福祉財団、一九八七。

蘭香代子著『母親モラトリアムの時代―21世紀の女性におくるCo―セルフの世界』北大路書房、一九八九。

「ポーテージ乳幼児教育プログラム―0～6歳・発達チェックと指導ガイド」主婦の友社、一九九四。

嶋津峯眞他著『新版K式発達検査―実施手引書』京都国際社会福祉センター、一九八〇。

M・レッサー著『栄養・ビタミン療法―栄養による精神的健康の改善』ブレーン出版、一九九一。

E・ショプラー他編著『自閉症児の発達単元267―個別指導のアイデアと方法』岩崎学術出版社、一九八八。


［情緒が安定すれば模倣と学ぶ意欲が発揮される］

ブレンダ・スミス・マイルズ、ジャック・サウスウィック著『アスペルガー症候群とパニックへの対処法』東京書籍、二〇〇二。

武田忠著『写真でわかる子ども操体法―親子でやれる心と体のバランス運動』農山漁村文化協会、一九八八。

松田ちから著「通常の学級における個に応じた支援」愛媛大学大学院特別支援教育専攻・修士論文。

松田ちから著『1歳からの子どもの発達を促すタッチングケア―脳の発達と運動機能を高める25のプログラム』合同出版、二〇一六。

［共に育ちあう教育とは］

時実利彦著『脳と保育』雷鳥社、一九九八。

宮崎隆太郎著『障害児と地域社会―実践のための障害児福祉』ルガール社、一九七六。

障害児を普通学校へ・全国連絡会編『なぜこの学校に行けないの？　18「障害児と学校」にかかわる法律・条約・宣言集』二〇〇〇。

松田ちから著「人権と施設サービスⅠ―人権と通園施設におけるサービス」「Aigo―精神薄弱福祉研究」第39巻8号、一九九二。

松田ちから編「共に育ち合う教育とは」平和と福祉を守るコミュニティーPWC12・13・14号。

小笠毅著『就学時健診を考える』岩波書店、一九九八。

障害児を普通学校へ・全国連絡会編『障害児が学校へ入るとき』千書房、二〇〇一。

花熊暁著『特別支援教育の体制作りをめざして①②』日本LD学会会報第52・54号。

於保真理「国際障害分類」日本社会事業大学・大学院講演資料。

「教育基本法新旧対照表・学校教育法等及び義務教育費国庫負担法等の一部を改正する法律案」第164回国会における文部科学省提出法律案。

「特別支援教育を推進するための制度の在り方について（答申）」中央教育審議会。

※これらの参考文献は重複しているところもあります。

著者紹介

松田ちから

1975 年　四国学院大学社会福祉学科卒業。
1975 年　名古屋キリスト教社会館愛育園指導員。
1981 年　児童発達支援センターあゆみ学園児童指導員。
1996 年『発達に遅れのある子の育て方』（愛媛出版文化賞受賞・黎明書房）
1997 年　発達支援なのはな子ども塾主宰。
2006 年　愛媛大学大学院教育学研究科特別支援教育専攻修士課程修了。
2010 年　四国学院大学子ども福祉学科准教授。
2014 年　今治明徳短期大学幼児教育学科教授。
現在は 2017 年より児童発達支援センター天使園療育外来担当。2019 年より愛媛大学教育学部幼年教育サブコース非常勤講師「障がい児保育」「社会的養護」を担当。

【著書】
『歌を歌えば心がはずむ』～お遊ぎ楽譜・手作りおもちゃ・楽しいゲーム集～
　創風社出版
『改訂版　発達に心配りを必要とする子の育て方』黎明書房
『子どもの発達を促すタッチングケア』CD 付　合同出版
『まつだ・ちからお遊ぎ集　Sarah・Chikara』CD　フレンド・カンパニー
『アッハ・プン・エンはどんな顔？』18 曲 CD　サウンド・ステップ

連絡先：〒791-1123　愛媛県松山市東方町甲 522-9

増補《ぞうほ》・改訂《かいてい》　発達《はったつ》に心配《こころくば》りを必要《ひつよう》とする子《こ》の育《そだ》て方《かた》

2023 年 3 月 1 日　初版発行

著　者　松《まつ》田《だ》ちから
発行者　武馬久仁裕
印　刷　株式会社一誠社
製　本　協栄製本工業株式会社

発　行　所　株式会社　黎《れい》明《めい》書《しょ》房《ぼう》

460-0002 名古屋市中区丸の内3-6-27　EBSビル
☎052-962-3045 FAX 052-951-9065　振替・00880-1-59001
101-0047 東京連絡所・千代田区内神田1-12-12
美土代ビル 6 階　☎03-3268-3470

落丁本・乱丁本はお取替えします。　ISBN 978-4-654-02084-3